Ken Blanchard/Michael O'Connor

Die neue Management-Ethik

Aus dem Amerikanischen von
Thomas Pfeiffer

Hoffmann und Campe

Die Originalausgabe erschien unter dem Titel
Managing By Values bei Berrett-Koehler Publishers, Inc.,
San Francisco

Die Deutsche Bibliothek – CIP-Einheitsaufnahme
Blanchard, Kenneth: Die neue Management-Ethik/
Ken Blanchard/Michael O'Connor.
Aus dem Amerikan. von Thomas Pfeiffer.
– 1. Aufl. – Hamburg: Hoffmann und Campe, 1998
Einheitssacht.: Managing by values ⟨dt.⟩
ISBN 3-455-11245-5

Schutzumschlaggestaltung: Thomas Bonnie
Foto: ZEFA/Theo Rudnak
Fachliche Beratung: Jürgen Gaulke
Satz: Dörlemann Satz, Lemförde
Druck und Bindung: Graphischer Großbetrieb Pößneck
Printed in Germany

Inhalt

Einführung

Vor über zehn Jahren nahm ich an einer Konferenz teil, auf der John Naisbitt sein Buch *Megatrends des Arbeitsplatzes* vorstellte, das er zusammen mit seiner Frau Patricia Aburdeene verfaßt hatte. Gegen Ende seines Vortrags sprach John von seinem Traum, daß es eines Tages eine Liste von »Fortunate-500«-Unternehmen (dtsch.: Die-glücklichen-500-Unternehmen) geben würde. So sehr mir Johns witzige Anspielung auf die »Fortune 500« auch gefiel, noch mehr begeisterte mich seine Definition eines *Fortunate-500*-Unternehmens.

Ob es ein Unternehmen in die *Fortune-500*-Rangliste schafft oder nicht, hängt, wie wir alle wissen, von seiner Größe und seinem Umsatz ab. Ein *Fortunate-500*-Betrieb dagegen definiert sich, erklärte John, über die Qualität der Dienstleistungen für seine Kunden und die Lebensqualität, die er seinen Mitarbeitern ermöglicht.

Fasziniert von Johns Vision, ging ich nach seiner Rede vor ans Podium und unterhielt mich mit ihm über das *Fortunate-500*-Konzept. Ich fragte ihn, ob er schon im Detail darüber nachgedacht habe, welche Kriterien eine *Fortunate-500*-Organisation erfüllen müsse. Nein, antwortete John, das habe er nicht getan.

Daraufhin schlug ich ihm vor, gemeinsam allgemeingültige Kriterien für *Fortunate-500*-Unternehmen festzulegen und nach Wegen zu suchen, wie sich Betriebe oder

7

Organisationen herausfinden ließen, die sich auf dem Weg zu einem *Fortunate-500*-Unternehmen befanden. John gefiel die Idee, aber zu der Zeit arbeiteten er und Patricia gerade an ihrem nächsten Buch, *Megatrends 2000*, und so forderte er mich auf, das *Fortunate-500*-Projekt auf eigene Faust voranzutreiben.

Als erstes sprach ich mit Mary Falvey Fuller, einer Cornell-Kollegin. Mary hatte lange Zeit für das weltweit tätige Beratungsunternehmen McKinsey and Company Inc. gearbeitet und sich mit dem Arbeitsablauf in komplexen Organisationen befaßt. Während Mary und ich die zahllosen Untersuchungen zum Thema »Spitzenleistung in Unternehmen« sichteten, fiel uns auf, daß sich die Autoren, wenn sie über »Spitzenleistungen« sprachen, praktisch ausschließlich auf betriebswirtschaftliche Ergebnisse – die traditionellen Erfolgsindikatoren, die ein Unternehmen als Spitzenunternehmen qualifizieren – konzentrierten.

Zu diesen Indikatoren gehörten die gängigen Kennwerte wie Umsatz, Gewinn, Gesamtkapitalrentabilität, Kapitalrendite und so weiter. Sobald die Rangliste von Spitzenunternehmen auf der Grundlage dieser Kennzahlen erstellt war, nahmen die Berater und Forscher im Regelfall die Managementmethoden dieser Betriebe unter die Lupe, um herauszufinden, worin das Erfolgsgeheimnis dieser Unternehmen bestand.

Doch je mehr Mary und ich uns mit diesem traditionellen Konzept der »Spitzenleistung« befaßten, desto mehr erschien uns die Definition des Begriffs als fragwürdig. Wir empfanden das vor allem deshalb, weil sich unserer Beobachtung nach die Motivationen und Erwartungen der Menschen im Hinblick auf ihre Arbeit deutlich verlagert hatten und so gut wie alle Unternehmen in einem zusehends komplexeren und konkurrenzorientierteren und sich rasch verändernden Markt agierten. Es zeichnete sich ab, daß eben die Methoden, die in den vergangenen 30 Jahren die besten Ergebnisse erbracht hatten, in den neunziger Jahren und darüber hinaus nicht mehr effektiv sein würden. Die sich rapide entwikkelnde Weltwirtschaft verlangte nach einem neuen und breiter gefaßten Ansatz. Aus diesem Grund konzentrierten wir uns auf das, worin wir die Grundlagen eines effektiven Unternehmens sahen – seine *Mission* (sprich: seine Ziele) und seine *Werte.*

Unternehmen müssen sich heute, vielleicht mehr als jemals zuvor, bewußt sein, wofür sie stehen und welche Prinzipien ihr Handeln bestimmen. Auf Wertvorstellungen basierendes Organisationsverhalten ist nicht mehr, was es lange Zeit war, sprich: eine interessante philosophische Alternative, sondern eine Grundvoraussetzung für das Überleben.

Die speziellen Zwänge, denen Unternehmen heute unterliegen, machen es unumgänglich, daß sie ihren Erfolg auf Effektivität gründen. Ein Unternehmen, das über eine klare Vorstellung seiner Mission und Werte verfügt, besitzt eine tragfähige Basis zur Bewertung und Neuausrichtung seiner Managementmethoden.

Das *Fortunate-500*-Konzept war so überzeugend, daß Norman Vincent Peale und ich es in unserem Buch *Die Kraft positiven Führens: Integrität zahlt sich aus* vorstellten. Erv Kamm, damals Präsident und COO von Norstan, einem in Minneapolis ansässigen Telekommunikationsunternehmen, las über das Konzept in der Ausgabe, die ihm Norstan-Chairman Sid Cohen geschenkt hatte. Beide begannen sich zu fragen, wie man aus Norstan ein *Fortunate-500*-Unternehmen machen könnte, und schließlich wandte sich Erv an uns. Daraufhin fuhren Mary Falvey Fuller und ich nach Minneapolis und besuchten Erv, Richard Cohen und Paul Baszucki bei Norstan. Das erste *Fortunate-500*-Projekt war aus der Taufe gehoben.

Das Konzept zu beschreiben war, wie wir bald bemerkten, sehr viel einfacher, als es wirkungsvoll in die Tat umzusetzen. Wir sahen ein, daß wir einen Experten für wertefundierte Interventionen brauchten. An diesem Punkt kam Michael O'Connor ins Spiel.

Während ich mich damit beschäftigte, Menschen im Privatleben und am Arbeitsplatz verhaltenswissenschaftliche Grundlagen für ihr Handeln zu vermitteln, hatte Michael systematisch die Möglichkeiten der praktischen Anwendung von theoretischen Erkenntnissen über Werte erforscht. Als ich mich 1990 mit ihm in Verbindung setzte, hatte er bereits das bis dato weitgehend unerschlossene Potential von Werten als integrative Kraft im Leben von überdurchschnittlich effektiven Individuen, Arbeitsgruppen, Teams und Organisationen entdeckt und sich daran gemacht, sein Wissen im Umgang mit Klienten und anderen Beratern umzusetzen.

Ich fragte Michael, ob er sich vorstellen könne, den von ihm entwickelten *Managing-By-Values*-Prozeß (MBV) (Management-durch-Werte) für die Praxis unserer *Fortunate-500*-Unternehmensphilosophie zu verwenden. Michael sagte zu, und Norstan wurde unser erstes gemeinsames MBV/*Fortunate-500*-Projekt.

Michael hatte bereits eine umfassende Veränderung in der texanischen Holt Companies eingeleitet, einem großen, regionalen Caterpillar-Vertreiber und Hersteller von Gaskompressoren. Holt-CEO Peter Holt wollte sein Unternehmen effektiver managen, ein Vermächtnis

hinterlassen, das über seine Führungsära hinaus fort-
wirken würde, und sich selbst persönlich weiterentwik-
keln. Es dauerte nicht lange, bis wir Holt Companies als
zweites *Fortunate-500*-Projektunternehmen gewonnen
hatten.

Wir teilten die Verantwortung auf. Michael konzentrierte sich darauf, den Projektunternehmen bei der
Formulierung ihrer zentralen Werte und den Geschäfts-
führungsteams bei der Identifikation ihrer persönlichen
Werte zu helfen. Parallel dazu entwickelte er Mechanis-
men zur Harmonisierung auseinanderdriftender indivi-
dueller Team- und Unternehmenswerte. Marys Aufgabe
bestand darin, die strategischen Entscheidungsfelder
und Managementmethoden mit dem höchsten Potential
für die Formulierung gemeinsamer Werte und die Ausrichtung auf Ergebnisse zu identifizieren. Ich selbst fun-
gierte als Sprecher und Cheerleader des *Managing-By-
Values*-Prozesses und als zentrale Anlaufstelle für die
Topmanager der Projektunternehmen.

Mit dem Ziel, die Realität der Vision anzupassen, arbeiteten wir gemeinsam mit Norstan und Holt Companies an spezifischen Entscheidungen und der Modifika-
tion zentraler Managementmethoden. Nach rund drei
Jahren verlagerte Mary ihr Hauptaugenmerk auf die Kop-
pelung der Unternehmensstrategien mit Change-Management und organisatorischen Lernprozessen, während Michael und ich uns mit meinen Kollegen Fred Finch und
Drea Zigarmi von Blanchard Training and Development
(BTD) zusammenschlossen, um das *Managing-By-Values*-
Konzept weiterzuentwickeln.

1992 gründeten wir die Fortunate Companies Foundation als eine gemeinnützige Organisation zur praktischen
Umsetzung und Förderung des *Fortunate-500*-Manage-

mentkonzepts. In einem Joint-venture mit BTD begleitet die Stiftung *Fortunate-500*-Projektunternehmen auf ihrer *Managing-By-Values*-Reise.

Michael O'Connor arbeitet inzwischen als Direktor des Consultingbereiches des Centers for Managing by Values der Stiftung.

Als Chairman von Blanchard Training and Development bin ich der zentrale Sprecher und Cheerleader des *Managing-By-Values*-Prozesses, während eine Reihe meiner BTD-Partner mit Michael und den anderen Beratern an der praktischen Umsetzung des Konzepts arbeiten.

Ich glaube an Management durch Werte, weil ich mit eigenen Augen gesehen habe, welche Vorteile der Prozeß den beteiligten Organisationen brachte. Diese Unternehmen haben ihre Unternehmensziele und ihre operativen Werte klar formuliert und diese Werte innerhalb der gesamten Organisationen kommuniziert; das erklärte Ziel der Reise, zu der sie aufbrachen, lautete, ihr Unternehmen nach diesen Werten zu führen. Das vorliegende Buch dokumentiert die Erfolgsgeschichten dieser Unternehmen im Hinblick auf Produktivität, Kunden- und Mitarbeiterzufriedenheit und Kapitalrentabilität. Die Geschichte ist zwar in eine erzählerisch-fiktionale Form verpackt, basiert aber auf den Berichten der Berater, Kunden und Mitarbeiter von Norstan, Holt Companies und den anderen MBV-Projektunternehmen.

Die neue Management-Ethik kann und wird auch Ihr Unternehmen und Sie selbst verändern. Ich lade Sie ein, Michael und mich auf unserer *Managing-By-Values*-Reise zu begleiten. Die mit tatkräftiger Unterstützung von Jim Ballard verfaßte Geschichte beschreibt die

Wandlungen, die Ihre Organisation durchlaufen könnte, und sie zeigt Ihnen, wie Sie eine wichtige Veränderung bewirken können im Leben Ihrer Mitarbeiter, Ihrer Kunden und Ihrer Shareholder, die auf Ihren Erfolg bauen. Herzlich willkommen zur *Fortunate-500*-Reise!

Ken Blanchard
Im Herbst 1996

1

Erkennen

Tom Yeomans verließ auf dem Weg von der Arbeit nach Hause den Freeway zwei Ausfahrten früher als sonst. Er steuerte seinen silbernen Lexus über eine kurvenreiche Landstraße, bis er nach rund einer Meile auf einen Feldweg abbog. Der Feldweg endete an einem kleinen Wäldchen auf einem Hügel, von dem aus man die weite Schleife überblicken konnte, die der Fluß hier beschrieb. Tom Yeomans hielt den Wagen an und schaltete den Motor aus. Er stieg aus, ging ein paar Schritte und blieb dann stehen. Reglos blickte er auf den Fluß unter ihm. Selbst durch die Designer-Sonnenbrille hindurch, die seine Augen gegen die spätnachmittägliche Sonne beschatteten, konnte man sehen, daß ihn Probleme beschäftigten.

Auf den ersten Blick erschien das Leben Tom Yeomans' wie eine einzige Erfolgsgeschichte. Mit noch nicht einmal 40 Jahren hatte er es geschafft, sich zum Präsidenten und CEO eines großen Industriebetriebs hochzuarbeiten. Die Firma erwirtschaftete satte Gewinne, war führend in ihrer Branche und genoß an ihrem Stammsitz ein hohes Ansehen. Zusammen mit einer Frau und Kindern, auf die jeder Mann stolz sein konnte, bewohnte er ein wunderschönes Haus am Stadtrand. Nach außen hin hatte er alles, fehlte es ihm an nichts.

Was er erreicht hatte, danach hatte er unermüdlich gestrebt. Sein bisheriges Leben hatte darin bestanden, sich Ziele zu setzen und sie dann zu erreichen. Er war an einem Punkt in seinem Leben angelangt, den die meisten Menschen als den »Zenit des Erfolgs« bezeichnen würden. Und doch fühlte er sich seltsam leer, abgeschnitten von den Dingen, die, wie er fühlte, einen Menschen wirklich reich machten. Kurz gesagt: Tom Yeomans war unglücklich.

Er hob einen Stein auf und warf ihn ins Wasser. Während er den sich ausbreitenden Wellenkreisen nachsah, wanderten seine Gedanken zurück in die Zeit, als er und Barry Lofting L&Y Manufacturing gegründet hatten. Die beiden waren seit der High-School Freunde und hatten Tag und Nacht dafür gearbeitet, aus L&Y ein führendes Unternehmen in seiner Branche zu machen.

Und sie hatten Spaß daran gehabt. Ihren Erfolg verdankten sie zum Teil der Tatsache, daß sie so unterschiedliche Charaktere waren. Tom war der Wagemutigere von beiden, schreckte vor keinem Risiko zurück, blühte um so mehr auf, je mehr auf dem Spiel stand. Barry dagegen verkörperte sozusagen den gesunden Menschenverstand, wie nicht zuletzt sein angeborenes Talent dafür bewies, Vertrauen und persönliche Beziehungen zu Kunden und Mitarbeitern aufzubauen. Die Probleme hatten angefangen, als Tom den Betrieb hinter Barrys Rücken an einen ausländischen Investor verkauft hatte. Barry hatte ihm das nie verziehen.

Tom hatte wiederholt versucht, das Gefühl des Gekränkt-Seins bei seinem Partner zu vertreiben. »Barry, warum führst du dich so auf?«, hatte er zum Beispiel gesagt. »Du bist jetzt reich!« Vergebens. Daß Geld nicht der springende Punkt war, ging ihm erst auf, nachdem er erfolglos versucht hatte, seinen Partner für ein neues gemeinsames Projekt zu begeistern.

Tom starrte auf den Fluß. In seinem Kopf ging er nochmals die letzte deprimierende Unterhaltung durch, nach der Barry sein Büro für immer verlassen hatte.

»Komm schon, Barry«, hatte er seinen Freund bestürmt. »Ich brauche dich. Wir zwei, wir können es schaffen – das alte Feuer, Mann. Zwei Jahre, und wir haben es gepackt. Klar werden wir manchmal zwölf, vierzehn Stunden am Tag arbeiten müssen. Aber dafür werden wir die Konkurrenz auch zum Teufel jagen. Und außerdem ist es ja nicht für immer. Ich garantiere dir, daß wir unser Geld in dieser Zeit verdreifachen. Dann können wir uns endlich ein Stück Land in Baja kaufen und alle Zeit der Welt mit unseren Frauen und Kindern verbringen.«

Barry hatte ihn ganz ruhig angesehen. »Tom, sag mir etwas ganz ehrlich.«

»Alles, was du willst, Junge.«

»Wann war das letzte Mal, daß du mit Leslie und den Kindern gemeinsam etwas unternommen hast?« Die Stille zwischen ihnen schien die Wände zurückzudrängen.

»Wann habt ihr, du und Leslie, das letzte Mal wirklich miteinander gesprochen?« Wieder diese unerträgliche Stille. »Das hab' ich mir gedacht.« Barry hatte geseufzt und dann gesagt: »Hey, ich muß jetzt gehen.« In der Tür hatte er sich noch einmal umgewandt und Tom direkt in die Augen geblickt. »Dein Problem ist, Tom, daß du an *einem Rattenrennen teilnimmst. Du weißt doch, selbst wenn du das Rennen gewinnst, bleibst du trotzdem eine Ratte.«*

Das war das letzte Mal gewesen, daß Tom den Mann gesehen hatte, den er für seinen besten Freund hielt –

den Menschen, mit dem zusammen er auf der High-School einen Schwimmwettkampf nach dem anderen gewonnen, später reihenweise Gipfel in Alaska bezwungen und noch später ein erfolgreiches Unternehmen aufgebaut hatte. Nach diesem Gespräch hatte Tom den Plan, ein neues Unternehmen zu gründen, fallengelassen. Statt dessen war er als regionaler Vizepräsident zu RimCo gegangen, einem schnell wachsenden Zulieferer für die Automobilindustrie.

In den darauffolgenden Jahre hatte er sich in rücksichtslosen Auseinandersetzungen die Karriereleiter bei RimCo hinaufgekämpft. Jetzt, nachdem er mit dem Posten des Präsidenten die oberste Sprosse erklommen hatte, begann er sich zu fragen, was der Erfolg ihn gekostet hatte. Überstunden, sich bis in die späte Nacht hinziehende Besprechungen und häufige Geschäftsreisen – Tom hatte nie die Zeit gefunden, ein echtes Mitglied seiner Familie zu werden. Leslie hielt ihm in zunehmend verbittertem Ton vor, daß die Kinder ohne ihn aufwachsen würden.

Er dachte an Leslie. Wenn sie sich, was selten genug vorkam, miteinander unterhielten, dann eigentlich nur, um ihre Termine abzustimmen; selbst zu Bett gingen sie inzwischen kaum noch zur selben Zeit. Er dachte an seine Kinder. Letzte Woche war er nach einem dreitägigen Strategiebesprechungsmarathon in den Zweigwerken spät nachts heimgekommen. Am anderen Morgen war Michael, sein 14jähriger Sohn, ins Schlafzimmer gekommen, um wie immer, bevor er in die Schule ging, seiner Mutter einen Kuß auf die Wange zu drücken. Leslie, wie üblich bemüht, den Familiensinn zu stärken, hatte Michael geknufft und gesagt: »Hey, sagst du nicht einmal mehr ›Hi‹ zu deinem Vater? Er hat dich die letzten drei Tage vermißt.« Mit der ihm eigenen, kindlichen Unschuld hatte Michael geantwortet: »Oh! Du warst weg, Daddy?«

Tom Yeomans riß seinen Blick von dem träge dahinfließenden Fluß los und ging zu seinem Wagen zurück. Die Hände auf den Kühler gestützt, betrachtete er sein Spiegelbild in dem silbrig glänzenden Lack, sein verzweifeltes Gesicht. Während er sich in den Anblick vertiefte, hörte er plötzlich eine Stimme. »Was machst du, Tom? Halten deine Frau und deine Kinder dich für eine Ratte?« Er drehte sich um und lehnte sich schwer gegen den Kühler. Von dem Fluß her wehte ein kühler Wind, Tom fröstelte und verschränkte seine Arme vor der Brust. Um ehrlich zu sein, die Probleme, die er zu Hause hatte, waren nur die Spitze des Eisbergs.

In den letzten sechs Monaten war ihm der Boden unter den Füßen weggesackt. Alles schien sich aufzulösen. Die Firma hatte zwei wichtige Kunden an ihren schärfsten Konkurrenten verloren, die Kundenbeschwerden häuften sich, und die Aktionäre fingen an, wegen des schrumpfenden Marktanteils nervös zu werden. Gleichzeitig sackte die Moral der Belegschaft zusehends ab, und einige der besten Leute hatten bereits gekündigt.

Von den Entwicklungen in helle Aufregung versetzt, hatte der Board of Directors eine Beratungsfirma damit beauftragt, die Situation zu analysieren. Tom gefiel es zwar nicht, daß Außenstehende Einblick in Firmeninterna erhielten, aber der Board ließ ihm keine Wahl.

Die Berater führten Interviews und Umfragen durch, organisierten Fokusgruppen und wühlten sich durch Aktenberge, sie nahmen das Management, die Belegschaft, die Aktionäre und die Kunden unter die Lupe. Als der Abschlußbericht vorlag, setzte Lynn, die Leiterin des

Consultingteams, dem Board in einer ganztägigen Sitzung die Ergebnisse der Analyse auseinander. Tom saß mit verdrossenem Gesicht dabei und hörte zu, wie Lynn eine Empfehlung nach der anderen vortrug.

Die Liste der Empfehlungen war lang, sehr lang. Tom hatte immer gedacht, seiner Konkurrenz eine Nasenlänge voraus zu sein. Doch nachdem er Lynn eine Weile zugehört hatte, wurde ihm klar, daß RimCo in den von scharfer Konkurrenz geprägten neunziger Jahren unter denselben Problemen zu leiden hatte wie die meisten anderen Unternehmen. Das Consultingteam empfahl die üblichen Maßnahmen: Verschlankung der Organisation, Abbau von Hierarchiestufen, Empowerment der Mitarbeiter, die Delegation von ganzen Projekten an sich selbst verwaltende Teams. Jeder Mitarbeiter, unabhängig von seinem Rang, mußte sich der Qualität und dem Dienst am Kunden verschreiben. Kurz und knapp, RimCo, so forderten sie, mußte sich, von der Spitze abwärts, »neu erfinden«.

Für Tom war charakteristisch, daß er immer noch davon ausging, daß das Problem »da draußen« lag, und sein Verstand spielte eine Lösung nach der anderen durch, wie man »es« in den Griff bekommen konnte.

Lynn, die gerade die Ergebnisse einer Mitarbeiterumfrage vorgestellt hatte, legte die Folien und Unterlagen zur Seite, sah Tom eindringlich an und sagte: »Mr. Yeomans, was Ihre Mitarbeiter, unter dem Strich formuliert, sagen, ist, daß Sie mehr durch Angsterzeugung als durch Konsensbildung führen. Die Ursache der heute hier angesprochenen Probleme ist Ihr Managementstil, der eine Atmosphäre des Mißtrauens hat entstehen lassen. Solange Sie Ihren Führungsstil nicht von Grund auf ändern, wird es schwer, wenn nicht sogar unmöglich sein,

RimCo langfristig wirklich wieder zu einem konkurrenz-
fähigen Unternehmen zu machen.«

Lynn hatte das Problem beim Namen genannt. Alles
deutete darauf hin, daß Barry mit seiner Prophezeiung
recht behalten hatte. Toms eigene Leute hielten ihn für
eine Ratte.

Die Sonne versank bereits am Horizont, als Tom Yeomans sich wieder hinter das Steuer des Wagens setzte
und den Motor anließ. Ein paar Minuten saß er reglos
mit den Händen auf dem Steuerrad da und dachte nach.
Dann legte er den Gang ein und gab Gas.

Noch auf der Fahrt spürte er, daß etwas in ihm sich
verändert hatte, daß dort hinten auf der Anhöhe über
dem Fluß etwas begonnen hatte, sich zu klären.

Als er nach Hause kam, tat er etwas, was er niemals
zuvor getan hatte – er setzte sich hin und sah zusammen
mit seiner siebenjährigen Tochter Peg Comics an. Daran, wie sich Peg, die ansonsten ein bißchen das »fünfte
Rad am Wagen« war, wenn ihre älteren Brüder spiel-
ten, an ihn herankuschelte und seine Hand streichelte,
spürte er, wie sehr sie seine Zuwendung genoß. Doch
ihr Dad selbst profitierte am meisten von der Zuwendung.

Später, als Leslie die Einfahrt zur Garage hochfuhr,
sah sie erstaunt, daß Tom mit den beiden Jungs auf dem
Hof Basketball spielte. Nach einer überschwenglichen
Begrüßung half er ihr, die Einkaufstüten ins Haus zu
tragen.

Sie waren gerade dabei, die Lebensmittel einzuräu-
men, als das Telefon klingelte. Am Apparat war Fran,
Toms Assistentin. »Hallo Tom, ich hoffe, Sie kommen
heute zum Serviceclub-Meeting. Eigentlich sollte Jim
Wheeler den heutigen Gastredner vorstellen, aber er

fühlt sich krank. Ich soll Sie fragen, ob Sie nicht für ihn einspringen könnten.«

»Nun ja, okay. Sieht so aus, als würde ich gebraucht.«

»Sie meinen, Sie tun es?«

»Sicher.«

»Großartig! Der Gastredner, den Sie vorstellen werden, heißt Jack Cunningham. Ich faxe Ihnen Jims Hintergrundinfos über Cunningham sofort zu.«

»In Ordnung. Danke, Fran«, antwortete Tom.

Einen Moment herrschte Stille in der Leitung. Dann hörte er wieder Frans Stimme. »Mr. Yeomans, fehlt Ihnen etwas?«

»Nein. Warum fragen Sie?«

»Oh, ich bin nur, sagen wir überrascht, daß Sie die Sache übernehmen.«

»Kein Problem, Fran, wirklich. Faxen Sie mir die Infos rüber.«

Kurz darauf spuckte das Faxgerät die Unterlagen aus. »Die Reise der Fortunate 500«, las Tom den Titel von Cunninghams Rede und lächelte, weil er die Anspielung auf die »Fortune 500« sofort verstand. Er prägte sich Cunninghams persönliche Daten ein, informierte sich über seine Kunden und ging dann die zentralen Punkte durch, die in der Einführung angesprochen werden sollten. Einer davon sprang Tom besonders ins Auge: »Viele Manager«, stand da zu lesen, »sagen, Jack Cunningham habe ihnen nicht nur geholfen, ihr Unternehmen erfolgreich zu reorganisieren, sondern auch ihr Privatleben wieder auf die Reihe zu bekommen.« Tom dachte gerade über diesen Satz nach, als Leslie in das Zimmer kam.

Mit einem Ruck wandte er sich zu ihr um. »Liebling, was hältst du davon, mich heute abend zu unserem

Club-Meeting zu begleiten? Ich hätte dich gerne dabei, wenn ich den Redner vorstelle, und auf dem Nachhauseweg könnten wir uns über seinen Vortrag unterhalten.«

Überrascht und erfreut lächelte Leslie. »Sehr gerne«, strahlte sie.

2

Die Drei Lebensziele

Tom erinnerte sich hinterher nicht mehr an die Fahrt zu dem Treffen oder an die Worte, mit denen er Jack Cunningham dem Publikum vorgestellt hatte. Doch von dem Moment an, da er neben Leslie in der ersten Reihe vor dem Podium saß und Jack Cunningham das Wort ergriff, war er völlig konzentriert.

Irgend etwas an der Redeweise dieses Mannes zog Tom an, und er konnte sich nicht von dem Eindruck freimachen, als würde Jack Cunningham direkt an ihn gerichtet sprechen.

Nach ein paar einleitenden Worten erklärte Cunningham: »Auf allen meinen Reisen habe ich Menschen kennengelernt, die nach außen hin sehr erfolgreich erschienen, in ihrem tiefsten Inneren aber unglücklich und unausgefüllt waren. Auch wenn es so aussah, als hätten sie alles, was man sich nur wünschen kann, fühlten sie sich in Wahrheit innerlich leer.« Tom konnte fast körperlich spüren, wie sich alle seine Sinne auf den Sprecher konzentrierten. »Wenn diese Menschen sich dieser Leere bewußt werden, so kann das eine sehr schmerzhafte Einsicht sein. Aber gleichzeitig ist diese Einsicht eine Chance, ein Weckruf.«

Cunningham ging zu dem neben dem Pult stehenden Flip-chart und schlug das Deckblatt zurück.

> Die Drei Lebenziele
>
> Lebensziel I: Erreichen
> Lebensziel II: Verbinden
> Lebensziel III: Integrieren

»Es gibt drei Lebensziele«, ergriff er wieder das Wort.
»Das erste ist das *Erreichen.* Etwas erreichen zu wollen
ist ein für Menschen ganz natürliches Lebensziel. Wir
sind vielleicht die einzige Spezies, die in der Lage ist, sich
über die Erfordernisse des täglichen Überlebens hinaus-
gehende Ziele zu setzen. So gesehen ist es für uns ganz
natürlich, etwas erreichen zu wollen – etwas *sein* zu wollen. Lebensziel I dreht sich um Sein-durch-Tun.«

»Viele Leute denken, etwas zu *erreichen* sei das einzige, was wirklich zählt im Leben. Sie suchen immer
nach dem nächsten Sieg, dem nächsten Abschluß, der
nächsten Eroberung. Aber ich habe noch niemanden,
der auf dem Sterbebett lag, sagen hören: ›Ich wünschte,
ich könnte morgen ins Büro gehen.‹«

Leises Kichern im Publikum. Tom warf einen Seitenblick auf Leslie und sah, daß sie dem Vortrag ebenfalls
gespannt folgte.

»Lebensziel II, *Verbinden,* ist beziehungsorientiert, es ist
auf das Sein-durch-Zusammensein gerichtet. Menschen,
die das Erreichen in den Mittelpunkt ihres Handelns stellen, vernachlässigen meist ihre Beziehungen. Manchmal
ist eine persönliche Krise wie finanzielle Schwierigkeiten
nötig, ein Karriereknick oder eine schwere Krankheit, damit wir erkennen, daß das, was in unserem Leben wirk-

lich zählt, unsere Beziehungen zu anderen Menschen sind. Lebensziel II handelt davon, die Vielfalt des Lebens zu erfahren, in unser eigenes Leben und das anderer zu investieren, unsere Zeit und unsere Talente in unsere Beziehungen mit Freunden, Familienmitgliedern und anderen einzubringen.«

Während Tom dem Vortrag folgte, dachte er über die Gestalt seiner eigenen privaten und beruflichen Beziehungen nach. Ihm ging auf, daß Cunningham seine Art zu leben in Frage stellte. Entsprach sein, Tom Yeomans, Verhalten immer noch dem ersten Lebensziel?

»Das letzte der drei Lebensziele ist das *Integrieren*«, fuhr Cunningham fort. »Integrieren, oder Sein-durch-Werden, heißt nichts anderes als das Verschmelzen der beiden ersten Lebensziele. Auf dieser Ebene geht es um die Definition oder Neudefinition unserer Werte und konkreten Ziele und darum, sie so in unserem täglichen Verhalten umzusetzen, daß sie für die Menschen, Prinzipien und Verpflichtungen förderlich sind, die uns am meisten bedeuten.«

Jack Cunningham machte eine Pause. Mit den Ellbogen auf dem Pult und gefalteten Händen beugte er sich vor und blickte ernst in die Runde. »Vielleicht ist es an der Zeit, daß Sie sich selbst fragen, ›Welches sind meine Ziele? Was ist, im größeren Zusammenhang betrachtet, meine Aufgabe im Leben? Verfolge ich in meinem Leben meinen eigenen Traum, oder jage ich dem eines anderen hinterher? War alles bisherige nur eine Vorbereitung darauf, wer ich wirklich werden soll?‹ Diese Fragen können nur Sie selbst beantworten. Um das tun zu können, brauchen Sie in den allermeisten Fällen noch nicht einmal über Ihre gegenwärtige Situation hinauszuschauen.

Viele von Ihnen arbeiten in Führungspositionen. Auch

wenn ich zu Ihnen auf einer persönlichen Ebene gesprochen habe, sollten Sie sich dennoch überlegen, in welchem Maße diese Fragen auch wichtig für Ihre Organisationen und Gruppen sind.«

Cunningham ging zu dem Flip-chart, nahm einen Stift in die Hand und fügte den Begriff *Kernwerte* hinzu. »Seine Zielsetzung im Leben zu definieren oder neu zu definieren«, fuhr er fort, »ist nicht nur ein auf eine logische Schlußfolgerung abzielender intellektueller Prozeß. Sie müssen tiefer graben, nach Ihren inneren Werten suchen. Welches sind die Kernwerte, die – für Sie oder für Ihr Unternehmen – den Weg bestimmen, der zur Erfüllung Ihrer Ziele führt? Doch damit, diese Werte herauszufinden und zu bestimmen, ist es noch lange nicht getan. Die schwierigste Frage steht noch aus: Wie setzen Sie diese Werte in Ihrem alltäglichen Umgang mit und in der Welt um?«

Der Vortragende blickte in die Runde und lächelte. »In diesem turbulenten Jahrzehnt sind viele Dinge im Geschäftsleben, die einmal sehr einfach waren, sehr verwirrend geworden. Viele Unternehmen sind damit beschäftigt, gleichzeitig einer ganzen Reihe von vernünftig klingenden Strategien zu folgen, die ihnen einen Konkurrenzvorteil auf dem globalen Markt versprechen. So viele neue Ansätze werden vorgeschlagen, daß man schon von der ›Strategie des Monats‹ sprechen könnte. Doch trotz all der Zeit und Mühe, die darauf verwendet wird, scheinen nur wenige eine Strategie gefunden zu haben, die einerseits die Hoffnungen auf wirtschaftlichen Erfolg und andererseits die Erwartungen aller bedeutenden Interessengruppen erfüllt.

In Zeiten permanenten Wandels entsteht leicht der Eindruck, selbst die grundlegendsten Gesetze, die, die unser Gefühl für Anstand und das menschliche Verhalten überhaupt regeln, hätten sich verändert. Doch das haben sie nicht.

Worüber wir uns heute Gedanken machen müssen, sind dieselben Dinge, die schon immer die Voraussetzung bildeten für eine gute Arbeitsmoral, eine hohe Kundenzufriedenheit, glückliche Aktionäre und Investoren und Lieferanten, die gerne mit einem Geschäfte machen.

Ein Unternehmen, das in Zeiten, in denen so viele andere Unternehmen ins Schlingern geraten, seine zentralen Geschäftsbeziehungen auf eine feste Grundlage stellen kann, ist in der Tat von Fortuna begünstigt. Die Strategie, wie sich genau dies erreichen läßt, ist im Prinzip sehr einfach, und einige Unternehmen arbeiten auch bereits danach. Einige davon versuchen, den Weg auf eigene Faust zu gehen, über das Versuch-Irrtum-Lernen voranzukommen. Andere eignen sich diese Strategie mit Hilfe von Beratern und Trainern an, die sich darauf konzentrieren, wie die notwendigen Maßnahmen und die vorhandenen Praktiken aufeinander abgestimmt werden können. Wir sagen, daß sich Unternehmen, die auf diesen Ruf antworten, zur *Reise der Fortunate 500* aufgebrochen sind.«

Cunningham ging zu dem Flip-chart und drehte das Blatt um. Die Zuhörer sahen folgendes Schaubild:

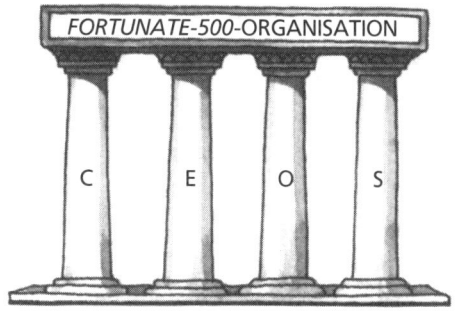

»Wie dieses Schaubild zeigt, ruht jedes *Fortunate-500*-Unternehmen auf vier Säulen. Jede Säule repräsentiert eine bestimmte Gruppe von Menschen, denen gegenüber das Unternehmen direkt Verantwortung trägt. Die Abkürzung ›CEOS‹ spielt darauf an, daß jeder, der in einem *Fortunate-500*-Unternehmen arbeitet, wie ein Führer, wie ein Chief Executive Officer, ein CEO, denken, fühlen und handeln muß. Dahinter steht die Überzeugung, daß alle Mitarbeiter, die denselben Stolz, dasselbe Engagement und dasselbe Eigentümergefühl wie Leute in formalen Führungspositionen empfinden, von sich aus so handeln, daß das Unternehmen als Ganzes seine bestmögliche Leistung erzielt. Wir wollen nun jede dieser vier Gruppen näher betrachten.

Der Buchstabe ›C‹ steht für ›Customer‹, für den Kunden. Das erste, was ein *Fortunate-500*-Unternehmen von seiner Konkurrenz abhebt, ist die Qualität der Leistungen, die es für seine Kunden erbringt. Wer heutzutage konkurrenzfähig bleiben will, muß mehr tun, als seine Kunden nur zufriedenzustellen. Sie müssen Ihre Kunden dazu bringen, daß sie Sie loben, daß sie zu Mitarbeitern Ihrer Marketing- und Verkaufsabteilung werden. Sie müssen Ihre Kunden so behandeln, daß sie *fanatische Fans* Ihres Unternehmens werden.

Der Buchstabe ›E‹ steht für ›Employees‹, für die Mitarbeiter. Das zweite, was ein *Fortunate-500*-Unternehmen auszeichnet, ist die Lebensqualität, die zu erreichen es seinen Mitarbeitern ermöglicht. Ein solches Unternehmen bietet seinen Mitarbeitern eine motivierende Umgebung – eine Umgebung, in der sie erkennen, daß ihr Einsatz für das Erreichen der Unternehmensziele in ihrem ureigenen Interesse liegt. Die logische Folge daraus ist: Sie fangen an, wie Unternehmer zu denken. In dem

Maße, in dem die Mitarbeiter eines *Fortunate-500*-Unternehmens als seine wertvollste Ressource behandelt werden, identifizieren sie sich stärker mit den Unternehmenszielen als ihre Kollegen in Betrieben, die ihrem Empfinden nach als beliebig verfügbare Rohstoffe behandelt werden.

Der Buchstabe ›O‹ steht für ›Owners‹, für die Eigentümer oder Aktionäre des Unternehmens. Kein Unternehmen ist wirklich ein *Fortunate*-Unternehmen, wenn es keine Profite erwirtschaftet. Gewinnbringend für alle Interessengruppen arbeiten heißt aber nichts anderes, als ethisch handeln. Nicht umsonst ist Integrität die heute am häufigsten zitierte Eigenschaft eines wirkungsvollen Führungsstils. Ein zentraler Aspekt, der ein *Fortunate-500*-Unternehmen von seinen Konkurrenten unterscheidet, ist die hohe Integrität in seinem Gewinnstreben und in der Ressourcenallokation durch das Management und die Eigentümer. Wenn wir von Anteilseignern reden, dann reden wir nicht von Spekulanten, sondern von Menschen, die Gewinne von einem Unternehmen anstreben, auf das sie stolz sein können.

Die letzte Säule repräsentiert die vierte konstituierende Gruppe, zu der ein *Fortunate-500*-Unternehmen eine wechselseitig nutzbringende Geschäftsbeziehung unterhält. Das ›S‹ steht für ›Significant Others‹, oder anders gesagt ›Relevante Dritte‹. Dazu gehören beispielsweise die Kommune, in der die Firma ihren Sitz hat, Kreditgeber, Lieferanten, Verkäufer, Vertriebspartner oder auch respektierte Konkurrenten. Eine *Fortunate-500*-Organisation strebt bewußt einen Geist der gemeinsamen Verantwortung und des gegenseitigen Vertrauens zwischen sich selbst und seinen ›Relevanten Dritten‹ an.

Was aber«, fuhr Cunningham fort, »ist das Fundament dieser vier Säulen? Was ist das Lebensblut einer *Fortunate-500*-Organisation, das Charakteristikum, die Essenz, die diese Schlüsselbeziehungen miteinander verbindet?«

Statt eine Antwort auf diese Frage zu geben, ging er zu dem Flip-chart und blätterte eine neue Seite auf. Darauf war folgendes Bild zu sehen:

»Jetzt verfügt unser Bauwerk über eine Basis. Heutzutage stimmen die meisten Leute der Ansicht zu, daß Unternehmen, die ausschließlich gewinnorientiert handeln und auch in der Geschäftswelt gültige Werte wie Aufrichtigkeit, Integrität, Fairneß und Kooperation nicht respektieren, vor großen Problemen stehen.

Die Mehrzahl aller Unternehmen arbeiten mit Zielerklärungen, in der sie ihre Verpflichtung für eine oder mehrere der CEOS-Gruppen zum Ausdruck zu bringen suchen. Die Frage ist allerdings, ob sie diesen hehren Worten auch Taten folgen lassen.

Die Grundlage einer *Fortunate-500*-Organisation ist das *Managing-By-Values*-Prinzip. ›Management durch

32

Werte‹ ist eine bewährte Strategie, um Ihre Kunden bei der Stange zu halten, Ihre Mitarbeiter jeden Tag aufs neue zu Höchstleistungen zu motivieren, Ihren Anteilseignern nicht nur Gewinne zu bescheren, sondern sie mit Stolz auf ihr Engagement zu erfüllen, und Ihre ›Relevanten Dritten‹ in der Aufrechterhaltung ihrer geschäftlichen und sonstigen Beziehungen zu Ihrem Unternehmen zu ermutigen.

Vor langer Zeit, ich war damals noch ein kleiner Junge, gefiel sich mein Großvater darin, mir gegenüber immer wieder eine Lebensweisheit zu wiederholen. Ich weiß nicht mehr, wie oft er mir diesen Satz vorgebetet hat, aber offensichtlich oft genug, daß er sich fest in meinem Bewußtsein verankert hat. Mein Großvater sagte immer:

> Das wichtigste im Leben
> ist zu entscheiden,
> was das Wichtigste ist.

Wenn Sie einen Moment darüber nachdenken, werden Sie erkennen, wie vollkommen recht mein Großvater damit hatte. Das A und O des Managements durch Werte besteht darin, klare Prioritäten zu setzen. Sie werden Ihr Unternehmen nur dann in ein *Fortunate-500*-Unternehmen verwandeln können, wenn die Werte, nach denen Sie Ihr Unternehmen führen, stark und gesund sind. Doch das setzt voraus, daß Sie sowohl Ihre strategischen Entscheidungen wie auch Ihre täglichen Handlungen an diesen Leitwerten ausrichten.«

Cunningham sprach noch einige Zeit über den MBV-Prozeß und seine Konsequenzen. Als der Vortrag zu Ende war, erhob sich Tom mit den anderen, um Cunningham zu applaudieren. Während die Versammlung sich auflöste und die Zuhörer den Ausgängen zustrebten, ging Tom nach vorne zum Podium.

»Jack, vielen Dank, daß Sie heute abend hier sein konnten«, bedankte er sich begeistert. »Wären Sie so freundlich, mir eine Visitenkarte zu geben? Ich möchte mit Ihnen gerne einen Termin vereinbaren, um mit Ihnen darüber zu reden, wie ich RimCo in ein *Fortunate-500*-Unternehmen verwandeln kann.«

»Hätten Sie Zeit, morgen früh bei mir vorbeizuschauen?« fragte Jack.

Einen Moment lang schwieg Tom, der eine solch schnelle Antwort nicht erwartet hatte, verblüfft, bevor er voller Enthusiasmus ausrief: »Ich werde mir die Zeit *nehmen*!«

Auf dem Nachhauseweg unterhielten sich Tom und Leslie über Cunninghams Vortrag. Je länger sie darüber sprachen, desto mehr freute sich auch Leslie darüber, daß ihr Mann bereits am nächsten Tag mit Cunningham zusammentreffen würde.

3

Der MBV-Prozeß

Tom Yeomans traf um kurz vor zehn Uhr bei Jack Cunningham ein und wurde sofort in sein Büro geführt. Jack saß an seinem Schreibtisch und spielte mit etwas, das wie ein weißer Plastikwürfel aussah. Als er seinen Besucher erblickte, erhob er sich und ging auf ihn zu, um ihn zu begrüßen.

»Herzlich willkommen«, sagte er, schüttelte Tom freundlich die Hand und führte ihn zu einem Stuhl. »Lassen Sie uns gleich anfangen. Ich möchte Ihnen zunächst einige Fragen stellen. Im Umgang mit Führungskräften wie Ihnen habe ich gelernt, wie überaus hilfreich es ist, die – wie ich sie nenne – ›auslösenden Faktoren‹ herauszufinden. Erzählen Sie mir deshalb bitte, warum Sie den *Managing-By-Values*-Prozeß gerade jetzt kennenlernen möchten.«

Tom fing an zu erzählen. Jack Cunningham war, das merkte er bald, ein guter Zuhörer, und es dauerte nicht lange, bis er ihm seine persönliche Reaktion auf Jacks Konzept der Drei Lebensziele anvertraute. »Ich erkannte auf einen Schlag, daß ich die Grenzen von Handlungsstufe Eins – Erreichen – ausgereizt hatte. Einige Ereignisse in jüngerer Vergangenheit haben mir gezeigt, wie wichtig es ist, die anderen beiden Handlungsweisen – Verbinden und Integrieren – nicht zu vernachlässigen.«

Tom erzählte ihm von den negativen Reaktionen, die

er zu Hause und am Arbeitsplatz erhalten hatte, und wie ihn das dazu veranlaßt hatte, sich mit der Art und Weise seiner Beziehungen zu anderen zu befassen. Er berichtete ihm sogar von dem einschneidenden Konflikt mit seinem ehemaligen Geschäftspartner. »Ich sehe jetzt«, erklärte Tom, »daß mein Konflikt mit Barry im Prinzip nichts anderes als ein Konflikt über Werte war.«

»Ganz recht«, antwortete Jack. »Ihre Werte wurden von Ihrem Leistungsdrang bestimmt, die Barrys von seinem Bedürfnis nach Verbundenheit. *Fortunate-500*-Führungskräfte wissen, daß ihr Ehrgeiz, Erfolg zu haben, nicht auf Kosten ihrer Beziehungen zu anderen Menschen gehen muß.«

Tom dachte über Jacks Worte nach. Bevor er etwas sagen konnte, fuhr sein Gegenüber fort: »Ihr Kummer über den Bruch mit Barry läßt vermuten, daß sein und Ihr Stil zueinander paßten, nicht aber Ihre Werte. Management durch Werte verlangt oft schmerzhafte Entscheidungen, fordert die Wahl des ethisch Richtigen auf Kosten einer kurzfristig lukrativeren, dafür aber weniger werteorientierten Alternative.«

Tom setzte sich aufrecht hin. »Genau deshalb bin ich hierhergekommen. Was kann ich tun, um mich selbst und mein Unternehmen zu bereichern? Welche Schritte muß ich tun, wenn ich meine Firma auf bestimmte Kernwerte ausrichten und damit den MBV-Prozeß in Gang bringen will?«

Einen Augenblick lang sah Jack Tom stumm an, dann sagte er: »Zuerst einmal glaube ich, daß Sie die Prioritäten richtig gesetzt haben. Sie haben darüber gesprochen, sich selbst und Ihre Firma zu verändern. In dieser Phase schwöre ich die Menschen, mit denen ich arbeite, meist zuerst auf die Regel ›Selbst zuerst‹ ein. Sie müssen, und das ist entscheidend, diesen Prozeß ebenso zur Arbeit an sich selbst wie zur Arbeit an Ihrem Unternehmen nutzen.«

»Wollen Sie damit sagen, man kann Management durch Werte auf sich selbst anwenden?«

Jack nickte. »Das ist gar nicht so schwer zu verstehen«, sagte er. »Voraussetzung dafür sind nur zwei Dinge: erstens die Bereitschaft, an einen gemeinsam festgelegten Wertekatalog zu glauben, und zweitens ein unermüdlicher Fleiß bei der Umsetzung dieser Werte.«

»Fleiß?«

»Fleiß. Ein klares Ziel und viel harte Arbeit, vor allem in der Anfangsphase. Sie müssen bereit sein, dem Prozeß Zeit zur Entwicklung zu geben.«

»Wieviel Zeit?«

»Nun, meiner Erfahrung nach dauert es ungefähr zwei bis drei Jahre, bis tiefgreifende Veränderungen spürbar werden und sich dauerhaft im Ergebnis niederschlagen.«

»Dann ist der *Managing-By-Values*-Prozeß wohl kein Notnagel?« fragte Tom.

»Exakt«, erwiderte Jack. »Und ebenso lange dauert es, bis sich dauerhafte Veränderungen im Verhalten einer Person einstellen. Das zu verstehen ist wichtig, weil die Menschen der Dreh- und Angelpunkt des Prozesses sind.« Er wandte sich um und deutete auf ein an der Wand hängendes Schild.

> Es sind nicht Organisationen,
> die den *Managing-By-Values*-Prozeß
> Realität werden lassen,
> sondern Menschen.

»Management durch Werte funktioniert«, erklärte Jack, »weil die *Menschen* die Werte formulieren.«

Jack nahm den weißen Würfel in die Hand, mit dem er am Anfang herumgespielt hatte. Er legte ihn auf den Tisch und forderte Tom auf, den Kasten genauer zu betrachten.

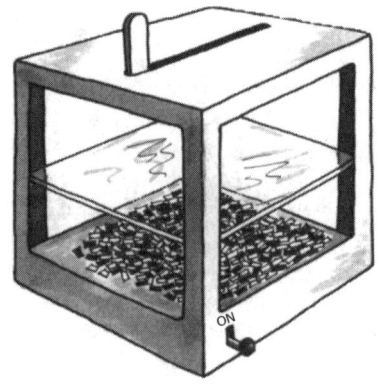

»Sieht interessant aus«, sagte Tom. »Was ist das?«

»Ein Spiel, mit dem ich den *Managing-By-Values*-Prozeß Kunden und interessierten Kollegen erkläre«, antwortete Jack. »Ich nenne es das ›Ausrichtungspuzzle‹.«

Tom nahm den Plastikwürfel in die Hand und untersuchte ihn. Die Kantenlänge betrug ungefähr 15 Zentimeter, die Seitenflächen bestanden aus durchsichtigen Plastikscheiben. Aus der Tatsache, daß sich auf der einen Seite ein Ein/Aus-Schalter befand, schloß Tom, daß der Gegenstand batteriebetrieben war. Er hielt den Würfel hoch und warf einen Blick auf sein Innenleben.

Eine horizontal angebrachte Plastikscheibe unterteilte den Innenraum und bildete eine Art durchsichtige Zwischendecke. Der Boden des Würfels war mit winzigen rechteckigen, teils roten, teils blauen Chips bedeckt.

Tom schüttelte die Box. Die Chips wirbelten umher und blieben in zufälliger Anordnung wieder liegen. Oben auf dem Würfel befand sich ein Hebel, der in eine quer über den Deckel verlaufende Nut eingelassen war.

Tom warf Jack, der sich neben ihn auf den Tisch gesetzt hatte, einen fragenden Blick zu. Jack lächelte und nickte.

Tom stellte den Würfel wieder auf den Tisch und betätigte den Ein/Aus-Schalter. Dann hielt er den Würfel mit einer Hand fest und schob den auf dem Deckel befindlichen Hebel vorsichtig von sich weg. Während er das tat, wurden seine Augen immer größer, und schließlich saß er mit vor Staunen offenem Mund vor dem Würfel.

Die Wirkung war, im wahrsten Sinne des Wortes, elektrisierend. Während Tom den Hebel über die Chips hinwegbewegte, sprangen sie hoch und formierten sich an der Unterseite der durchsichtigen Zwischendecke so, daß sie eine ganz bestimmte Buchstabenkombination bildeten.

»Wow!« Tom war beeindruckt. »Wie funktioniert das?«

»Was glauben Sie?« lachte Jack, der mit Toms Reaktion sichtlich zufrieden war.

»Nun, ich habe da so eine gewisse Vorstellung, zumindest über einen Teil des Vorgangs«, erwiderte Tom. Um seine Idee zu testen, schaltete er den Strom ab. Sofort fielen die Chips wieder auf den Boden des Kastens, wo sie einen blauroten Konfettihaufen bildeten. »Wenn mich meine Physikkenntnisse aus der Schule nicht ganz täuschen, dann kenne ich zumindest das grundlegende Prinzip«, sagte er. »Elektromagnetismus, habe ich recht?«

Jack nickte zustimmend. »Okay«, fuhr Tom fort, »die Batterien im Boden des Kastens setzen einen unter dem Hebel am Deckel angebrachten Elektromagneten unter Strom. Die bunten Chips bestehen aus Eisen oder einem anderen magnetischen Metall. Wenn der Magnet über die Plättchen hinwegbewegt wird, zieht er sie an und richtet sie aus. Sie springen hoch, bleiben an der Unterseite dieser Scheibe hängen und …« Tom hielt inne und sah Jack ratlos an. »Aber woher zum Teufel wissen die blauen und die roten Chips, wie sie sich anordnen müssen, um die Abkürzung ›MBV‹ zustande zu bringen?«

»Aha!« rief Jack aus und klatschte begeistert in die Hände. »Genau das ist die eigentliche Frage.«

Leider war Jack, wie Tom zu seinem Leidwesen erkannte, keineswegs bereit, das Geheimnis so ohne weiteres zu lüften. Er lehnte sich in seinem Stuhl zurück und seufzte.

»In Ordnung, Jack«, sagte er und zog sein Notizbuch heraus. »Sie haben meine volle Aufmerksamkeit. Dieses Ausrichtungspuzzle hängt mit dem *Managing-By-Values*-Prozeß zusammen, oder?«

Jack grinste. »Wie versinnbildlicht Ihrer Meinung

nach das Puzzle die für die MBV-Reise wichtigen Prozesse?«

Tom lehnte sich nach vorne, bis sich sein Gesicht auf einer Ebene mit dem Würfel befand. Er verbrachte einige Zeit damit, mit dem Mechanismus herumzuspielen, schaltete den Strom ein und bewegte den Hebel hin und her, um zu sehen, wie sich die Chips durch den Einfluß des Magneten brav zu den drei Buchstaben MBV arrangierten. »Wie wäre es mit einem kleinen Tip?« fragte er schließlich.

Jack beugte sich herüber und schaltete den Strom aus. Wie zuvor fielen die Chips sofort wieder auf den Boden. »Betrachten Sie sich die zufällige Anordnung der roten und blauen Chips auf dem Boden. Wie lange, meinen Sie, würde es dauern, bis Sie diese Metallplättchen ohne Hilfe des Magneten zum MBV-Zeichen angeordnet haben?«

Tom dachte einen kurzen Moment nach. »Hm. Vorausgesetzt, ich hätte eine Lupe und eine Pinzette, könnte ich es wahrscheinlich in fünf Stunden schaffen, die Plättchen an die Unterseite der Scheibe zu kleben.«

»So könnte es gehen«, erwiderte Jack, »aber ich glaube nicht, daß mir das sonderlich viel Spaß machen würde.«

»Mir auch nicht. Ganz im Gegenteil, ich stelle es mir als eine ziemlich mühsame und langweilige Sache vor. Wahrscheinlich würden mir nach zwei Stunden die Augen vor Überanstrengung tränen, und nach drei Stunden würde mir die Geduld ausgehen. Und selbst wenn ich es schaffen sollte, der eigentliche Reiz des Spiels wäre dahin.«

Jack nickte. »Lassen Sie uns jetzt das Anordnen der Chips in der Box mit dem Management von Menschen und Organisationen vergleichen«, sagte er. »Angenommen, Sie wollen alle Individuen in einem Unternehmen dazu bringen, sich in eine bestimmte Richtung zu bewegen. Können Sie sich vorstellen, wie schwierig das angesichts der Vielzahl der Bedürfnisse, Werte und Erwartungen der betroffenen Menschen wäre?«

Tom, der an sein eigenes Team bei RimCo dachte, nickte. »Es ist nicht nur schwierig und alles andere als lustig«, fuhr Jack fort, »es funktioniert schlicht und einfach nicht. Ich kenne viele Manager, die ihr letztes Quentchen Kraft in eben diese Aufgabe gesteckt haben und deren Unternehmen trotzdem keinen Millimeter vorankamen.«

Ein paar Sekunden lang starrte Tom gedankenverloren den Plastikwürfel auf Jacks Tisch an. Dann richtete er sich mit einem Ruck auf und sah Jack direkt an. »Warten Sie einen Moment«, sagte er. »Ich glaube, ich habe etwas verstanden.«

Jack schenkte ihm sein übliches rätselhaftes Lächeln.

»MBV ... *Managing By Values.* Das ist es, oder?« fragte Tom.

Jack lächelte immer noch. »Es sind die Werte, über die die Menschen sich zu einer Gruppe zusammenfinden, die sie dazu bringen, auf gemeinsame Ziele hin zu arbeiten«, rief Tom aus.

Mit diesen Worten zog er die Box zu sich heran und schaltete den Strom ein. »MBV ist also die stärkste Anziehungskraft, die zwischen Menschen wirksam ist, oder anders gesagt, MBV wirkt wie ein Magnet. Werte sind die einzigen Charakteristika, die auf eine Gruppe von Menschen so wirken, daß sie sich wie diese Chips in eine Richtung orientieren.«

»Genau das ist die Idee, die dahinter steckt«, bestätigte Jack Toms Schlußfolgerungen.

»Aber wie funktioniert das in der Praxis, Management durch Werte?« fragte Tom. »Gibt es bestimmte Schritte, denen man folgen muß?«

»Ich dachte schon, Sie würden das nie mehr fragen«, erwiderte Jack. Er ergriff einen kleinen Standrahmen und drehte ihn so, daß Tom lesen konnte, was darauf geschrieben stand.

Der MBV-Prozeß

Phase 1: Unternehmensziele und Werte *festlegen*.

Phase 2: Unternehmensziele und Werte *kommunizieren*.

Phase 3: Managementmethoden an Unternehmenszielen und Werten *ausrichten*.

Tom wollte die einzelnen Phasen gerade abschreiben, als Jack den Rahmen nahm und ihm in die Hand drückte.

»Für mich?« fragte Tom überrascht. Jack nickte.

»Wo kann ich mehr über diesen *Managing-By-Values*-Prozeß lernen? Gibt es Unternehmen, die diesen Prozeß bereits hinter sich haben? Kann ich Unterlagen über solche Unternehmen erhalten und sie besuchen?«

»Ich mag Menschen, die im voraus erahnen, was ich ihnen mitteilen will«, sagte Jack. Er überreichte Tom zwei Notizkarten. Auf jeder Karte standen Name, Adresse und Telefonnummer einer Kontaktperson in einem angesehenen Unternehmen.

»Am besten, Sie fangen mit Ihrem Besuchsprogramm

gleich jetzt an. Gehen Sie zuerst zu Telecom Distributors. Arlene Whalen, Telecoms Finanzdirektorin, wird Ihnen einen Eindruck davon vermitteln, wie die beiden ersten Phasen ablaufen. Ich habe mir die Freiheit genommen, mit Arlene einen Termin für Sie auszumachen. Sie sagte mir, sie könnte sich, wenn Ihnen das paßt, um 11 Uhr 30 mit Ihnen treffen.« Tom stimmte begeistert zu.

»Bei Ihrem zweiten Besuch werden Sie in die dritte Phase eingeweiht«, fuhr Jack fort, während er Tom zur Tür begleitete. »Alexa Montague von Meredith Manufacturing erwartet Sie morgen früh um 9 Uhr 30.«

Tom war von der Zielstrebigkeit Jack Cunninghams angetan. »Ich danke Ihnen«, sagte er, während er ihm die Hand schüttelte. »Sie haben mir viel zum Nachdenken mit auf den Weg gegeben.«

»Es war mir ein Vergnügen«, antwortete Jack. Aus einem Regal bei der Tür zog er ein Paket und reichte es Tom. Von seiner Größe und Form her vermutete Tom, daß es ein Ausrichtungspuzzle enthielt. »Vergessen Sie das hier nicht«, Jack lächelte, als er das sagte. »Es könnte sich als ein sehr anregendes Erinnerungsstück erweisen.«

Auf dem Weg zu Telecom Distributors konnte Tom Yeomans es kaum fassen, daß sein Ausflug in die Welt des MBV so schnell und problemlos Ergebnisse brachte. Er hatte das Gefühl, auf ein riesiges Lager neuer Rohstoffe gestoßen zu sein.

Während er die Ereignisse der letzten 24 Stunden noch einmal Revue passieren ließ, fiel ihm plötzlich die Karte ein, die Leslie ihm vor einigen Wochen in die Hand gedrückt hatte. Er hatte sie damals nur hastig überflogen und dann in seine Brieftasche geschoben. Als er an einer roten Ampel halten mußte, fingerte er nach seiner Brieftasche und zog die Karte heraus. Die Worte, die auf der Karte standen, erfüllten ihn mit einem unbeschreiblichen Gefühl.

> Tu nur das Rechte in deinen Sachen,
> das andere wird sich
> von selber machen.
>
> Goethe

4

Die Suche beginnt

Um Punkt 11 Uhr 30 stand Tom Yeomans in der Lobby vor Arlene Whalens Büro im Verwaltungsgebäude von Telecom Distributors, einem großen und bekannten Anbieter von Telekommunikationstechnologien und -diensten.

Die Tür des Büros wurde geöffnet, und eine großgewachsene Frau kam mit raschen Schritten auf ihn zu und streckte ihm ihre Hand entgegen. »Hi, ich bin Arlene Whalen«, verkündete sie. »Kommen Sie doch rein.«

Sie nahmen in ihrem Büro Platz, und Arlene ergriff das Wort. »Sie haben also gerade mit Jack Cunningham gesprochen? Ich gehe jede Wette ein, daß in Ihrem Wagen eines von Jacks Ausrichtungspuzzlen liegt.«

Tom grinste und nickte. Er war froh, zuerst mit jemandem von der »harten« Seite des Geschäftslebens zu sprechen. »Arlene, als Managerin, für die vor allem Zahlen wichtig sind, können Sie mir doch sicherlich sagen – funktioniert dieses Management durch Werte in der Geschäftswelt wirklich?«

Arlene Whalen lächelte. »Ich muß zugeben, als ich das erste Mal unseren CEO über das Konzept reden hörte, hielt auch ich es zunächst nur für eine weitere Marotte. Doch ich bin froh, heute sagen zu können, daß MBV nicht nur für mich persönlich, sondern auch für unser Unternehmen den Umschwung gebracht hat.«

»Was meinen Sie damit?«

»Management durch Werte dreht sich vor allem darum, die Widersprüche zwischen dem, woran Sie nach eigener Aussage glauben, und Ihrem tatsächlichen Verhalten zu identifizieren. Beispielsweise verkünden viele Unternehmen, sie hätten sich dem Dienst am Kunden verpflichtet, erfüllen dieses Versprechen in der Praxis aber gar nicht. Manche Manager behaupten, das Prinzip der offenen Tür zu pflegen, aber versuchen Sie nur mal, zu ihnen vorzudringen.

Vor drei Jahren, als ich mit Jack an der Einführung von MBV zu arbeiten begann, versuchten wir zunächst, unsere Werte eindeutig zu beschreiben. Jack fragte uns zum Beispiel ›Welche Wertvorstellungen wollen Sie mit sich verbunden sehen?‹ oder ›Wie wollen Sie, daß Ihre Kunden und Angestellten das Unternehmen gefühlsmäßig wahrnehmen?‹ Wir legten drei Grundwerte fest, auf die wir uns dann im MBV-Ausrichtungsprozeß konzentrierten.« Arlene deutete auf ein an der Wand hängendes Schild.

1. ETHISCH handeln
2. BEDÜRFNISORIENTIERT handeln
3. GEWINNBRINGEND handeln

»Natürlich denken Sie, daß jemand in meiner Position diesen drei Werten in der umgekehrten Reihenfolge Priorität einräumen würde, richtig?«

»Richtig.«

»Nun, der MBV-Prozeß hat uns allen gezeigt, daß der Priorität, die wir den von uns vertretenen Werten zumessen, ausschlaggebende Bedeutung zukommt. Doch der Reihe nach. Befassen wir uns zuerst mit der Vorgabe, ›gewinnbringend‹ zu handeln, sprich: unter dem Strich möglichst hohe Gewinne zu erwirtschaften. Am Anfang entwickelte sich der MBV-Prozeß etwas schleppend. Das ist ganz normal. Menschen brauchen einfach ihre Zeit, bis sie neue Werte verinnerlichen. Doch am Ende des zweiten Jahres unserer MBV-Reise zeigten sich die ersten Veränderungen in den wirtschaftlichen Kennzahlen. Die Umsätze lagen um 15 Prozent und die Gewinne um 10 Prozent über den Planzahlen. Und dieser Trend hält an. Wir gewinnen neue Kunden und halten Kunden, die wir früher verloren hätten.

Dasselbe gilt für unsere Mitarbeiter. Seitdem wir uns auf unserer MBV-Reise befinden, gibt es kontinuierlich weniger Personalfluktuation.«

»Nicht schlecht«, erklärte Tom. »Das klingt ja ganz so, als sei Ihre, wie Sie es nennen, ›MBV-Reise‹ rundherum gewinnbringend.«

»Sie macht, wie wir es ausdrücken, nicht nur Dollars, sondern auch Sinn. Aber ich möchte nicht, daß Sie denken, unsere Reise sei eine Spazierfahrt«, warnte Arlene.

»Sie meinen, nichts von wegen Zauberstab und so weiter?«

»Alles andere als das«, bestätigte Arlene. »Wie Sie wahrscheinlich wissen werden, war Telecom lange Jahre ein hoch angesehenes und finanziell starkes Unternehmen. Doch Anfang dieses Jahrzehnts zeigte sich, daß wir eines der Unternehmen waren, das sich allzu lange auf seinen Lorbeeren ausgeruht hatte. Stabilität ist wünschenswert, aber nicht auf Kosten des finanziellen Ergebnisses. Wir wußten zwar, daß die Renditen für unsere Aktionäre wuchsen. Was wir erkennen mußten, war, daß sie deutlich unter dem Industriedurchschnitt lagen.«

»Und aus welchem Grund war das so?«

»Wie vielen anderen Unternehmen in einer ähnlichen Lage war uns die Ursache für diese Entwicklung nicht sofort ersichtlich. Der Grund hing mit etwas zusammen, was wir vernachlässigt hatten – mit unseren Beziehungen. Beispielsweise waren wir überzeugt, unsere Kunden seien zufrieden – bis wir eine ganze Reihe von Kunden an kleinere, frisch auf den Markt drängende Wettbewerber mit innovativen Ideen und Produkten verloren.

Nicht viel anders sah es im Personalbereich aus. Einige unserer besten Leute gingen, und ich will gar nicht daran denken, was passiert wäre, wenn wir uns nicht auf die MBV-Reise begeben hätten.«

»Irgendwie erstaunt mich das«, gab Tom zu. »Wie kann man mit einem so ›weichen‹ Prozeß wie Management durch Werte in unserer so stark durch den Blick auf die Profite gekennzeichneten Zeit einen solchen Turn-around vollbringen?«

»Erfolg in unserer Branche hängt ganz und gar vom Dienst am Kunden ab«, erwiderte Arlene. »Wer keine hochwertigen Produkte oder zu teuer anbietet, ist in diesem Spiel von vornherein zum Untergang verdammt. Doch ein guter Preis und Spitzenqualität stellen in unserer Branche lediglich die Grundvoraussetzungen dar, sind die Zugangsberechtigung zum Spielfeld, mehr nicht.

Der Service ist der Bereich, in dem über Erfolg oder Mißerfolg entschieden wird. Und Service bedeutet Menschen, bedeutet Beziehungen. Die beiden ausschlaggebenden Gruppen sind einmal die Kunden, zum anderen die Mitarbeiter. Wer heutzutage seinen Mitarbeitern und

Kunden ein X für ein U vorzumachen versucht, kann gleich dasselbe gegenüber dem Konkursverwalter tun. Das hat mehr als nur einer unserer Konkurrenten schmerzhaft herausfinden müssen.«

»Okay«, sagte Tom, »damit hätten wir nun also die Kunden und die Mitarbeiter, die ›C‹s und die ›E‹s in ›CEOS‹ abgedeckt.«

»Genau. Was die ›O‹s – die ›Eigentümer‹ – betrifft, die sind höchst erfreut darüber, daß wir wieder zu den fünf unter Investmentgesichtspunkten am höchsten bewerteten Unternehmen in unserer Branche zählen.

Und unsere Beziehungen zu den ›S‹’, unseren ›Relevanten Dritten‹, machen uns alle stolz. Viele von uns haben Kinder, die in die Schulen hier in der Stadt gehen. Ungefähr zur selben Zeit, als wir bei Telecom zu unserer MBV-Reise aufbrachen, rückte das Thema ›Charakterbildung‹ der Kinder bei Eltern, Lehrern und vielen anderen Bürgern der Stadt in den Mittelpunkt des Interesses.

Als Unternehmen reagierten wir auf diese Sorge mit der finanziellen Unterstützung des Programms ›Ethische Führung heute und morgen‹ an den Schulen. Das hat nicht nur das Image des Unternehmens in der Stadt verbessert«, sagte Arlene, »wir haben auch sechs Schulabgänger eingestellt, die das Programm durchlaufen haben.

Gleichzeitig konnten wir durch MBV die Beziehungen zu unseren Lieferanten stärken. Seit wir nach unseren Werten handeln und das Unternehmen konsequent auf diese Werte abgestimmt haben, sinken unsere Ausgaben für juristische Streitigkeiten und Arbeitsunfälle und die Beitragssätze zur Arbeitslosenversicherung und gehen die Gleichberechtigungsklagen und die Tarifkonflikte zurück. Das gilt sogar für unsere von der Rezession besonders hart betroffenen Niederlassungen, ein Umstand, der für mich als karriereorientierte Managerin natürlich nicht ganz unerheblich ist.«

Tom fiel auf, daß auf Arlenes Schreibtisch ein MBV-Bild stand wie Jack ihm eins geschenkt hatte. Er deutete darauf und sagte: »Jack hat mir gesagt, während meines Besuches hier würde ich wahrscheinlich erkennen, worauf es in den beiden ersten Phasen des MBV-Prozesses – die Mission und die Werte des Unternehmens festlegen und kommunizieren – ankommt.«

Arlene nickte. »Dazu unterhalten Sie sich am besten mit Ed Eastland, unserem CEO. Ed wollte, daß Sie zuerst zu mir kommen, damit ich Ihnen die unter dem Strich stehenden Zahlen nenne. Er macht das, um den Appetit der Besucher auf die eigentlichen ›Wie-geht-das‹-Informationen zu wecken. Ich werde Sie zu ihm bringen.«

Auf dem Weg zu Eds Büro dankte Tom Arlene dafür, ihm einen Einblick in die Zahlen hinter dem Prozeß gegeben zu haben. »Ich betrachte diese Dinge jetzt aus einer anderen Perspektive«, erklärte er. »Jack Cunningham hat das in seinem Vortrag auf das Tennisspiel übertragen. Er wollte von uns wissen, wie erfolgreich unserer Auffassung nach ein Tennisspieler wäre, der statt mit beiden Augen auf den Ball zu blicken, stets mit einem Auge auf die Punktetafel schielen würde. Ein meiner Meinung nach sehr treffender Vergleich.«

Arlene kannte das Beispiel. »Sportler reden davon, in der ›Zone‹ zu sein. Je angestrengter ein Sportler versucht zu gewinnen, desto weniger gelingt es ihm, in seine ›Zone‹ zu kommen. Die Aufmerksamkeit eines Menschen in der ›Zone‹ ist ausschließlich auf das gerichtet, was er tut, nicht auf das, was er erreichen will. Wenn man sich in der ›Zone‹ befindet, stellt sich der Erfolg fast automatisch ein. Viel zu viele Unternehmen starren ausschließlich auf die

Punktetafel – auf das, was unter dem Strich steht. Was sie nicht mehr sehen, ist der Ball – ihre Beziehungen zu den Menschen. Sie geraten aus der Zone heraus und verlieren einen Ball nach dem anderen und schließlich auch das Spiel.

In diesen letzten drei Jahren habe ich immer mehr Vertrauen gewonnen und ein starkes Gefühl der inneren Verpflichtung gegenüber der Priorität unserer Werte entwickelt, dem Anspruch, zuerst *ethisch*, dann *bedürfnisorientiert* und schließlich *gewinnbringend* zu handeln. Wenn wir unsere Aufmerksamkeit unverwandt darauf richten, unser Unternehmen in Übereinstimmung mit unseren Kernwerten zu führen und zu betreiben, dann stellt sich der erwünschte Punktestand ganz von selbst ein.«

5

Mission und Werte festlegen

Phase 1 des MBV-Prozesses

Kurz darauf standen Arlene und Tom vor dem Telecom-CEO. »Mr. Yeomans«, sagte Arlene, »ich möchte Sie mit unserem CEO Ed Eastland bekannt machen.« Tom schüttelte die Hand eines großen, kräftigen Mannes, in dessen Gegenwart er sich sofort wohl fühlte. Arlene entschuldigte sich, und Ed bat Tom, Platz zu nehmen.

Nachdem Tom Ed seine Geschichte erzählt hatte, erkundigte er sich danach, wie im einzelnen die erste Phase des MBV-Prozesses, das Festlegen der Mission und Werte des Unternehmens, abläuft.

Ed kam ohne lange Umschweife zur Sache. »Zuerst müssen Sie vom Eigentümer oder Aufsichtsrat des Unternehmens die Erlaubnis für die Initiierung des Prozesses einholen. Sobald dieses Einverständnis vorliegt, müssen Sie entscheiden, welche Kernwerte Ihre Unternehmensstrategie und -taktik bestimmen sollen und welchen Rang Sie den einzelnen Werten zumessen. Weiterhin müssen Sie Ihre Unternehmensmission definieren. Falls in Ihrem Unternehmen bereits eine Zielerklärung vorliegt, stellen Sie fest, ob darin die von Ihnen festgelegten Werte verkörpert sind. Wenn nicht, müssen Sie sie so umschreiben, daß sie mit diesen Werten übereinstimmen.«

»Das klingt nicht sonderlich schwierig«, sagte Tom, während er mitschrieb, was Ed sagte.

»Das ist es auch nicht. Aber es kann Zeit beanspruchen. Es kommt darauf an, daß diese Werte Zeit haben, sich zu entwickeln. Manchmal glauben Sie, alles geklärt zu haben, und plötzlich weist jemand auf eine ganz entscheidende Festlegung hin, und Sie fragen sich, wie Ihnen das hatte entgehen können. Es ist eine gute Idee, die Werteliste eine Weile liegenzulassen und sie später noch einmal zu revidieren.

Sie müssen nicht nur darauf achten, daß die Liste die Werte repräsentiert, für die Sie bekannt sein und auf deren Grundlage Sie arbeiten wollen«, fuhr Ed fort, »Sie müssen diese Werte auch glasklar formulieren. Je einfacher, direkter und verständlicher sie sind, um so besser. Außerdem müssen Ihre Ziel- und Werterklärungen Ihrer Unternehmensvision entsprechen und als Mittel gesehen werden, das Unternehmen zu stärken und sein Überleben sicherzustellen.«

»Die Werteliste Ihres Unternehmens hat diesen Test ganz offensichtlich bestanden«, sagte Tom mit einem Lächeln. »Wie sieht der nächste Schritt aus?«

»Sobald Sie mit Ihrer Version der Ziel- und Werterklärungen zufrieden sind, ist es an der Zeit, das Topmanagement hinzuzuziehen.«

»Was meinen Sie damit, ›das Topmanagement hinzuziehen‹?« hakte Tom beunruhigt nach.

Ed blickte seinen Besucher ernst an. »Tom«, erklärte er mit Nachdruck, »Sie müssen verstehen, daß Werte nichts sind, was man Menschen *antut*, sondern etwas, was man *mit* ihnen tut. Die Entwicklung von Werten ist ein kooperativer Prozeß. Als CEO ist man dabei eine Art Schriftsteller – man schreibt den ersten Entwurf, der in der Folge von zahllosen Redakteuren überarbeitet wird. Ihre Topmanager sind die ersten, die Ihren Text ›redigieren‹.

Da es Ihnen darauf ankommt, daß sie ihre Meinung frei zum Ausdruck bringen können, empfehle ich Ihnen, an dem ersten Treffen des Topmanagements nicht selbst teilzunehmen. Vielleicht folgen Sie meinem Beispiel und engagieren einen externen Berater wie Jack Cunningham, der Ihren Managern bei der Aufstellung einer eigenen Werteliste zur Seite steht. Dadurch vermeiden Sie die Gefahr, die anderen durch Ihre Anwesenheit einzuschüchtern. Wenn die Mitglieder des Topmanagements Ihren Ansichten nur deshalb zustimmen, weil Sie mit am Tisch sitzen und der Boß sind, war die Mühe umsonst. Noch einmal: Es kommt darauf an, daß Ihr Managementteam seine Gedanken und Ideen völlig frei zum Ausdruck bringen kann.«

»Was die Hinzuziehung eines objektiven, externen Beraters angeht, kann ich den Vorteil erkennen. Aber«, Tom blickte sein Gegenüber skeptisch an, »wie ich vor kurzem erfahren habe, sind meine Mitarbeiter der Ansicht, ich würde eher durch Angsterzeugung als durch Konsensbildung führen. Einerseits würde ich meine Topmanager durch meine Teilnahme an ihrem Wertefindungstreffen wahrscheinlich tatsächlich einschüchtern. Andererseits frage ich mich, wenn ich ganz ehrlich bin, ob sie meine Abwesenheit nicht dazu nutzen würden, sich gegen mich zusammenzuschließen.«

»Eine durchaus verständliche Befürchtung«, antwortete Ed. »Wichtig ist, bei der Wertefindung Top-Down-Entscheidungen so weit wie möglich zu vermeiden. Nachdem sich Ihre Topmanager eine Meinung gebildet haben, setzen Sie sich mit ihnen zusammen und vergleichen ihre Ergebnisse.«

»Hmm«, Tom wand sich unbehaglich, »was passiert, wenn sie zu anderen Ergebnissen kommen als ich?«

Ed nickte. »Das ist keine Tragödie, sondern enthält eine wichtige Information. In diesem Prozeß, und das ist der springende Punkt, geht es nicht um Sie oder irgendeine andere Person – es geht nur darum, was für das Unternehmen am besten ist.«

Ed legte eine Pause ein, dann wiederholte er den letzten Punkt. »Die Grundregel im Management durch Werte lautet: *Der eigentliche Boß sind die vom Unternehmen angenommenen Werte.* Das ist die Autorität, der wir alle verpflichtet sind.«

Tom überlegte einen Moment, dann schrieb er etwas in sein Notizbuch. Er beugte sich vor und zeigte es Ed.

> In einem Unternehmen, in dem
> wirklich Management durch Werte
> verwirklicht wird, gibt es
> nur einen Boß – die Werte, auf
> die sich alle geeinigt haben.

»Wirklich, ein faszinierendes Konzept«, sagte Tom nachdenklich.

»Freut mich, daß Sie so denken«, sagte Ed lächelnd. »Menschen haben etwas Gutes in sich, das ans Tageslicht kommt, wenn sie ihre Energien im Interesse eines übergreifenden Zieles vereinen. Werte können ein solches Ziel sein, vorausgesetzt, die Betroffenen hatten Gelegenheit, sie ›auszuwählen‹. Solche gemeinsamen Werte können zur Grundlage für die Entscheidungsfindung werden. Jede Entscheidung, angefangen von der für einen bestimmten Softwareanbieter über die Art und Weise, wie mit einem Konflikt in einem Arbeitsteam umgegangen wird, bis hin zu der Frage, ob man an die Börse gehen soll oder nicht, wird an diesen neuen ›Boß‹ verwiesen.

Hier«, sagte Ed und deutete auf ein Plakat an der Wand, »sehen Sie, wie unsere Spaßversion eines Organigramms aussieht.«

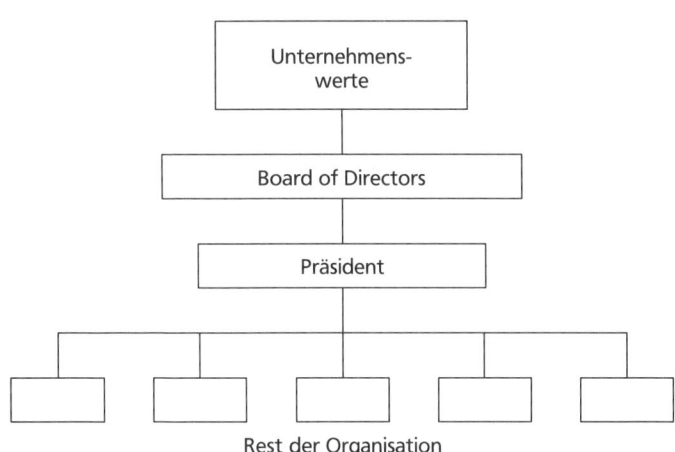

Rest der Organisation

»Sobald Sie und das Topmanagement sich auf eine gemeinsame Unternehmensmission und eine nach Prioritäten geordnete Liste von Kernwerten verständigt haben, ist es an der Zeit herauszufinden, was die Belegschaft davon hält. In unserem Fall stellte Jack Cunningham eine Reihe von Fokusgruppen mit einer repräsentativen Auswahl von Mitarbeitern aus allen Unternehmensbereichen und -ebenen zusammen. Auf den Treffen dieser Gruppen erhielt er Informationen von den ›Fußtruppen‹ im Hinblick auf unsere Entwürfe der Ziel- und Werterklärungen. Hierbei ging es vor allem darum festzustellen, ob die

Mitarbeiter der Ansicht waren, daß die von uns formulierten Werte und die Unternehmensmission im besten Interesse des Unternehmens – und in ihrem eigenen – liegen.«

»Wenn ich das richtig verstehe, geht es in dieser Phase also darum herauszufinden, ob die Mitarbeiter bereit sind, die Mission und die Werte zu ›unterschreiben‹ und sich hinter sie zu stellen?« fragte Tom nach.

»Genau. Die Belegschaft muß die Bedeutung der diskutierten Werte wirklich erfassen. Falls es zu Konflikten über die Werte kommt, dienen diese Treffen auch dazu, die Werte weiter zu verbessern und konkretisieren. Werden zusätzliche Kernwerte vorgeschlagen, müssen diese natürlich auch mit in die Diskussion einbezogen werden. Darüber hinaus interessierten wir uns auch für Feedback im Hinblick auf die jeweilige Gewichtung der Werte.«

»Hmm«, Tom war immer noch skeptisch. »Mit anderen Worten, Sie sagen, man muß alle Mitarbeiter in den Prozeß mit einbeziehen. So gehe ich an sich normalerweise nicht vor. Um ehrlich zu sein, glaube ich an das Sprichwort, daß viele Köche den Brei verderben.«

»Eine sehr verbreitete Annahme«, erklärte Ed verständnisvoll. »Ich selbst habe solche Dinge früher auch im Alleingang entschieden. Doch obwohl ich die Zügel straff gespannt hielt, gingen Moral und Marktanteil immer weiter zurück. Welche Erfahrungen haben Sie denn mit diesem Führungsstil gemacht?«

Ed traf mit seiner Frage voll ins Schwarze. »Genau dieselben«, gestand Tom niedergeschlagen. Dann fügte er leise hinzu: »Was kommt als nächstes?«

»Als nächstes«, antwortete Ed, »müssen Sie herausfinden, welche Mitarbeiter sich wirklich mit der Mission und den Werten des Unternehmens identifizieren. Wer die Werte und die Mission nicht auf sein Arbeitsleben bezieht, für den bleiben sie bedeutungslos. Die Einstellung Ihrer Leute können Sie mit Fragen wie den folgenden prüfen:

- Sehen die Mitarbeiter in der Unternehmensmission und den Werten Richtlinien, mit denen sie sich identifizieren können und die ihnen Stolz auf das Unternehmen vermitteln?
- Stellen Mission und Werte eine tragfähige Grundlage für die tägliche Kommunikation und Entscheidungsfindung innerhalb der gesamten Organisation dar?
- Vermitteln Mission und Werte ein neues Regelwerk für die Zuweisung von Ressourcen und den Umgang mit Sach- und persönlichen Problemen?«

»Wie viele Fokusgruppen muß man durchführen?« fragte Tom.

»Das hängt von der Größe der Belegschaft ab und davon, ob für die Zustimmung der Mitarbeiter die Beteiligung jedes einzelnen notwendig ist oder ob Sie mit Vertretern arbeiten können. Die Faustregel lautet, alle potentiellen Befürworter und Gegner zu beteiligen. Nachdem Sie die Rückmeldung erhalten und ausgewertet haben, stimmen Sie Werte und Mission entsprechend dem neuen Input ab. Fordern die Mitarbeiter wichtige Veränderungen – beispielsweise eine Neuordnung der Wertehierarchie –, ist es von ausschlaggebender Bedeutung, ob sie diese Vorschläge in den ausgearbeiteten Ziel- und Werterklärungen berücksichtigt sehen oder nicht.«

Toms Unbehagen nahm sichtlich zu. Auf diese Art radikaler Reform seiner Führungsrolle, die Ed Eastland da einforderte, war er nicht vorbereitet. »Sind noch mehr Leute an dem Prozeß beteiligt?« erkundigte er sich und versuchte dabei, seine Stimme ruhig zu halten.

»Ja. Nachdem Sie das Mitarbeiter-Feedback in Ihre Entwürfe eingearbeitet haben, sollten Sie die Ziel- und Werterklärungen mit Kunden und relevanten Dritten wie Kommunalpolitikern, Branchenführern und wichtigen Zulieferern besprechen. Wie Sie das tun, ob durch Telefoninterviews oder in Fokusgruppen, ist nicht so wichtig. Erkundigen Sie sich beispielsweise danach, wie sich nach Meinung Ihrer Geschäftspartner die neuen Unternehmenswerte auf die Geschäftsbeziehungen auswirken werden, oder ob ethische Prinzipien eine wichtige Rolle bei der Frage spielen, mit wem sie Geschäfte machen.«

»Und Ihre Kunden nehmen diese Mühe tatsächlich auf sich und geben Ihnen das gewünschte Feedback?« staunte Tom.

»Natürlich«, antwortete Ed.

»Und was machen Sie dann mit diesen Informationen?«

»Dasselbe wie mit den Inputs des Topmanagements und der Belegschaft. Sie arbeiten sie in Ihre Entwürfe ein. Sobald Sie das getan haben, können Sie die Ziel- und Werterklärungen dem Aufsichtsrat – falls Sie einen haben – präsentieren. In meinem Fall war die Zustimmung des Aufsichtsrats und vor allem des Leitungsausschusses unerläßlich, weil ich auf seine Unterstützung im Kampf gegen Börsenspekulanten angewiesen war, die sich keinen Deut darum scherten, ob unser Betrieb nach ethischen Werten geführt wird oder nicht. Das einzige, was diese Spekulanten interessierte, waren täglich steigende Aktienkurse. Natürlich zog der Kurs unserer Aktien in den vergangenen Jahren an, doch Management durch Werte ist eine langfristige Wachstumsstrategie, kein Patentrezept dafür, wie man – zur Not auch auf Kosten der Zukunftsfähigkeit des Unternehmens – möglichst viele Pluspunkte an der Wall Street sammelt.«

Tom hatte, während Ed über die Festlegung von Werten referierte, eifrig mitgeschrieben. »Dann wollen wir einmal sehen, ob ich das Konzept richtig verstanden habe«, sagte er und fing an, Ed aus seinem Notizbuch vorzulesen:

Werte festlegen
1. Zustimmung des Eigentümers zum MBV-Prozeß einholen.
2. CEO liefert eigenen Input über maßgebliche Werte.
3. Topmanagement diskutiert und formuliert Werte ohne CEO.
4. CEO und Topmanagement vergleichen Vorstellungen und stimmen sie aufeinander ab.
5. Mitarbeiter-Fokusgruppen diskutieren und formulieren Werte.
6. Werteerklärung mit relevanten Dritten durchsprechen.
7. Den Gesamtinput zusammenfassen und darauf beruhende Unternehmensmission/-werte dem Aufsichtsrat/dem Eigentümer zur Abnahme vorlegen.

»Schnell gelernt«, lobte Ed augenzwinkernd.

Dennoch sah Tom immer noch beunruhigt aus. »Ed, als Spitzenmanager frage ich mich, wieviel Zeit und Mühe ich in die Sache investieren muß. Nach allem, was ich bislang gehört habe, ist Management durch Werte ein ziemlich wichtiger Teil Ihres Jobs.«

Ed lächelte. »Tom, Management durch Werte *ist* mein Job. MBV ist mehr als nur ein weiteres Programm, ein bloßer Zusatz. Management durch Werte ist eine Umschreibung für die Lebensweise unseres Unternehmens, ist alles, was wir tun. Sie haben ganz recht – solange Sie sich diese Sichtweise nicht zu eigen machen und sich voll und ganz dafür einsetzen, wird sich Management durch Werte in Ihrem Unternehmen nicht durchsetzen können.

Der Erfolg dieses Prozesses hängt entscheidend davon ab, ob CEO und Topmanagement ihren Worten auch Taten folgen lassen, und zwar insbesondere in der Anfangsphase der Reise. Als Führungskraft ist es Ihre Aufgabe, die Kräfte und Ressourcen des Unternehmens auf diesen Prozeß zu konzentrieren und die Mitarbeiter nach und nach an Bord zu holen. Je mehr die Leute in Ihrem Unternehmen die Grundprinzipien des Managements durch Werte internalisieren, desto mehr können Sie sich auf die Rolle des Mitspielers und sogar des Anfeuerers beschränken. Alle, die in irgendeiner Form von dem Prozeß betroffen sind, müssen überzeugt sein, daß die Unternehmensleitung, also Sie und das Topmanagement, hundertprozentig von den Vorteilen überzeugt sind, die sich dem gesamten Unternehmen durch Management durch Werte eröffnen.«

»Klingt sinnvoll«, sagte Tom nachdenklich, während er eifrig den Stift über das Papier gleiten ließ. Sein Tonfall zeigte, daß ihm seine Rolle als Führungskraft in diesem Prozeß noch Bauchschmerzen bereite.

»Sie haben da und dort noch Ihre Zweifel, nicht?« hakte Ed nach. »Hat Jack Ihnen von seiner Regel erzählt?«

»Welcher Regel?« Tom blickte Ed fragend an.

»Zuerst ich selbst.«

»Ach so, ja, das hat er – daß man sich *selbst* ändern muß, bevor man das Unternehmen verändern kann. Nun, ich sehe ja ein, daß es einiges an mir gibt, das ich verändern muß.«

Tom überkam das seltsame Gefühl, an etwas Altes in

seinem Inneren, etwas, das er schon überwunden zu haben glaubte, zu rühren. Das fühlte sich nicht gut an. Jacks Rede am Vorabend hatte ihm einen Impuls gegeben. Der Besuch bei Jack hatte seine Hoffnung verstärkt, daß Management durch Werte wirklich der Weg sein könnte, auf dem er RimCo aus der Misere herausführen würde. In diesem Moment jedoch fühlte er sich nur leer und desillusioniert. Es sah so aus, daß die Sache keineswegs so grandios und leicht werden würde, wie er sich das ausgemalt hatte – ganz und gar nicht. Er stand vor einer Mauer. MBV hatte ihm – wieder einmal – den Spiegel vorgehalten, und was er da sah, gefiel ihm nicht.

»Ed, ich bin Ihnen sehr dankbar«, sagte Tom schließlich. »Ich glaube, Phase 1 des MBV-Prozesses, das *Festlegen* der Unternehmenswerte und der Unternehmensmission, habe ich weitgehend verstanden. Jetzt bin ich bereit, mehr über Phase 2 zu lernen, das *Kommunizieren* der Unternehmensmission und der Werte.«

6

Kommunizieren

Phase 2 des MBV-Prozesses

»Wenn Sie etwas über Phase Zwei, die *Kommunikationsphase der Managing-By-Values*-Reise, erfahren wollen, dann sollten Sie am besten mit Maria Gonzales sprechen«, sagte Ed und griff zum Telefonhörer. »Maria ist unsere Personalleiterin und interne Koordinatorin für die Kommunikationsphase.«

Ein paar Minuten später betrat Maria Gonzales Eds Büro. An ihrem entschlossenen Auftreten und der Art, wie sie ihn begrüßte, erkannte Tom, daß sie eine Frau war, die Ergebnisse interessierten.

»Sie wollen also wissen, wie Sie Ihre Ziele und Werte kommunizieren, damit sie für Ihr Unternehmen und Ihre Mitarbeiter praktische Bedeutung erlangen?« wandte sich Maria an Tom, während sie in den Konferenzraum gingen. Tom nickte zustimmend.

»Lassen Sie mich einmal sehen. RimCo beschäftigt rund zwölfhundert Mitarbeiter in Niederlassungen in vier US-Bundesstaaten. So gesehen wäre es am besten, den Kommunikationsprozeß mit Auftaktmeetings in jeder Niederlassung in Gang zu bringen.«

Tom war beeindruckt, wie gut Maria über RimCo unterrichtet war. Sie schenkten sich Kaffee ein und nahmen an einem Tisch in dem Raum Platz. »Wie laufen diese Meetings in der Praxis ab?« fragte Tom.

»Für unsere eigene Auftaktversammlung holten wir

als Redner neben Ed Eastwood auch Jack Cunningham dazu. Jack eröffnete die Veranstaltungen mit einer Einführung in die Art und die Ziele der *Managing-By-Values*-Reise. Jack ist ein großartiger Redner. Mit seinen Geschichten, die sehr plastisch zeigten, wie der Prozeß unser Unternehmen, unsere Arbeitsgruppen und unser persönliches Leben verändern kann, gewann er vom ersten Moment an die Aufmerksamkeit des Publikums.

Nach Jack betrat Ed das Podium. Was er sagte, bewies allen Zuhörern, wie prinzipiell und unerschütterlich er hinter dem MBV-Prozeß stand. Er ging auf jeden der sieben Schritte zur Formulierung der Werte ein und machte uns so klar, daß diese Werte die Werte von uns allen und nicht nur seine eigenen waren. Auf einer großen Leinwand präsentierte er die endgültige Version der Unternehmensvision und der Kernwerte und setzte sie uns detailliert auseinander. Er erklärte uns die Vision, die hinter dem Entschluß stand, aus Telecom ein *Fortunate-500*-Unternehmen zu machen, und sagte klipp und klar, was jeder einzelne beitragen mußte, um die Ziele und die Werte am Arbeitsplatz in die Tat umzusetzen.

Immer wieder betonte er, daß die MBV-Reise eine Reise in eine bessere Zukunft für uns alle sei. Und dann tat er etwas enorm Wichtiges. Mit einer spektakulären Geste beseitigte er dann den letzten Zweifel an seinem Engagement für den MBV-Prozeß. Um der im Rahmen der Fokusgruppen laut gewordenen Kritik an der hierarchischen Struktur des Unternehmens Rechnung zu tragen, kündigte er eine konzertierte Aktion zur Eliminierung vor, wie er es nannte, ›Symbolen der Ungleichheit‹ an. In Übereinstimmung mit dem Unternehmer-Ethos würden, erklärte er, mit sofortiger Wirkung sämtliche für die Geschäftsführung erfolgten Reservierungen bei Parkplätzen und Toiletten beseitigt. Des weiteren sollte von dem Moment an jeder Mitarbeiter des Unternehmens als ›Kollege‹ und nicht mehr mit einem formellen Titel bezeichnet werden.

Damit alle sehen konnten, wie ernst es ihm damit war, heftete sich Ed ein Namensschild mit der Aufschrift ›Ed Eastland, Kollege‹ an die Brust. Dann ließ er im Publikum Blankonamensschildchen verteilen, in deren unteres Feld das Wort ›Kollege‹ eingedruckt war, und bat alle Anwesenden, ihren Namen auf das Schild zu schreiben und es sich ans Revers zu heften.«

Tom nickte zustimmend. »Er hat den Leuten nicht nur gesagt, was sie tun sollen, sondern ist mit gutem Beispiel vorangegangen.«

»Richtig«, sagte Maria. »Vielleicht wäre diese zugegebenermaßen recht dramatische Geste in einem anderen Unternehmen wirkungslos verpufft, aber für uns war es, das sollte sich zeigen, genau richtig.

Am Ende der Versammlung erhielt jeder Mitarbeiter zwei Schmuckblätter, auf denen die Zielerklärung des Unternehmens und die Kernwerte abgedruckt waren, dazu eine Anleitung, wie man sie am Arbeitsplatz leben konnte, sowie ein Exemplar des offiziellen Planes zur Integration der Werte in das Unternehmen und in das Leben eines jeden einzelnen innerhalb der nächsten drei Jahre.«

Maria deutete auf zwei gerahmte Plakate, die hinter ihrem Tisch an der Wand hingen.

Unsere Zielerklärung

Wir sind ein Fullservice-Anbieter von Voice- und verwandten Datenkommunikationslösungen. Wir erfüllen die Kommunikationsbedürfnisse von Unternehmen heute und morgen.
Durch ETHISCHES, BEDÜRFNISORIENTIERTES und GEWINN-BRINGENDES Handeln bietet unser Unternehmen seinen Mitarbeitern eine sie erfüllende Arbeitsumgebung, seinen Kunden einen mitreißenden Service, seinen Aktionären einen steigenden Unternehmenswert und seinen Mitmenschen ein Gefühl der gemeinsamen Verantwortung.

Tom war beeindruckt, mit wieviel Überlegung die Aussagen formuliert worden waren. »Wie ich sehe, haben Sie jeden der drei Kernwerte im Hinblick auf die CEOS, die zentralen Interessengruppen des Unternehmens – sprich: Kunden, Mitarbeiter, Eigentümer oder Aktionäre und relevante Dritte, in diesem Fall die lokale Öffentlichkeit –, weiter konkretisiert.«

Unsere Kernwerte

1. ETHISCH handeln
- In allen geschäftlichen Transaktionen sich fair und integer gegenüber unseren Kunden und dem Markt verhalten.
- Alle Mitarbeiter fair und gerecht behandeln.
- Unseren Aktionären vollständige und wahrheitsgemäße Informationen zur Verfügung stellen.
- Im ideellen und praktischen Sinn zur Verwirklichung unserer Werte in der Öffentlichkeit beitragen.

2. BEDÜRFNISORIENTIERT handeln
- Bedürfnisse von Kunden möglichst frühzeitig erkennen und Verpflichtungen im zugesagten Zeitrahmen erfüllen.
- Allen Mitarbeitern und ihren Ideen Respekt entgegenbringen.
- Unsere Verpflichtung gegenüber den Aktionären erfüllen.
- Das Engagement von Mitarbeitern für die öffentliche Gemeinschaft anregen und bestärken.

3. GEWINNBRINGEND handeln
- Unseren Kunden technologisch überlegene Produkte zu einem fairen Preis liefern.
- Individuelle Initiativen ermutigen und die Fähigkeiten unserer Mitarbeiter fördern.
- Eine angemessene Eigenkapitalrendite für unsere Anteilseigner erwirtschaften.
- Beiträge zur Stärkung der öffentlichen Gemeinschaft leisten.

»Ja, so ist es. Wir haben uns für diesen Weg entschieden, weil er für unsere Situation am besten geeignet schien. Viele Unternehmen definieren ihre Werte allerdings lieber so, daß alle Interessengruppen berücksichtigt sind.

Die Plakate und Tischkarten, die sie hier überall sehen, dienen dazu, unseren Mitarbeitern ein grundlegendes Verständnis unserer Ziele und unserer Werte zu vermitteln. Wir verstehen sie als Werkzeuge zur Prägung der Einstellung und des Verhaltens unserer Mitarbeiter. Je stärker die Unternehmensmission und die Werte in den Köpfen der Menschen präsent sind, desto eher können die Werte ihre eigentliche Aufgabe erfüllen – unsere Arbeitsabläufe effizienter und zielgerichteter machen.

Überall dort, wo Gruppen oder Einheiten arbeiten, sowie in allen Besprechungszimmern, wo wichtige Entscheidungen getroffen werden, Mitarbeiter zusammentreffen oder Kunden empfangen werden, hängt ein Plakat mit unseren Kernwerten.

Sie finden Plakate und Schilder im Eingangsbereich des Firmengebäudes, in allen Konferenzsälen, auch in dem, wo der Aufsichtsrat zusammentritt, in der Ausbildungsabteilung und in jedem Kantinen- und Pausenraum. Selbst auf der Rückseite unserer Visitenkarten, in unserem Jahresbericht und in allen von uns herausgegebenen Materialien können Sie unsere Kernwerte nachlesen.«

»Besteht da nicht die Gefahr, des Guten etwas zuviel zu tun?« meldete Tom Zweifel an.

»Ja, aber nur, wenn Sie diesen Worten keine Taten folgen lassen«, antwortete Maria. »In unserem Fall waren von der Fertigungsabteilung bis zum CEO alle Mitarbeiter an der Formulierung der Ziel- und Werteerklärungen beteiligt. Daraus folgt, daß diese Verpflichtungen mehr als nur symbolische Akte sind. Sie sind die Konkretisierung unserer individuellen Variante der Total-Quality-Philosophie – sprich des Willens, entsprechend unseren erklärten Werten zu handeln und dadurch in allen Bereichen immer besser zu werden.«

»Wie bringen Sie Ihre Leute dazu, sich an die in den Werten festgelegten Verpflichtungen zu halten?«

»Das ist eine Sache der Orientierung auf die Werte hin. Ich will Ihnen etwas zeigen, mittels dessen wir nicht nur unser Versprechen verbreiten, gemäß unseren Werten zu handeln, sondern das jeden von uns auch zwingt, sie in der tagtäglichen Arbeit zu respektieren.«

Aus einer Aktentasche zog Maria ein Blatt Papier und gab es Tom.

»Das hier ist eine Kopie unserer *Anleitung für wertefundierte Entscheidungen*. Jeder, der bei Telecom arbeitet, bekommt eine solche Anleitung, und zwar eine Tisch- oder eine Taschenausführung, je nachdem, ob er im Büro oder im Außendienst arbeitet.«

Anleitung für wertefundierte Entscheidungen
1. Bestimmen Sie die für die anstehende Entscheidung relevanten Werte und die entsprechenden Definitionen.
2. Wer ist durch die Entscheidung direkt betroffen (Mitarbeiter, Kunden, Anteilseigner oder die Öffentlichkeit)? Verlangt die Entscheidung die Beteiligung anderer Parteien?
3. Welche Vorgehensweisen schreiben die zugehörigen Wertedefinitionen für dieses Situation vor (beispielsweise Mitarbeiter fair und gleich behandeln, die Verpflichtungen gegenüber den Anteilseignern einhalten)?

»Wie funktioniert diese Anleitung in der Praxis?« fragte Tom. »Können Sie mir ein Beispiel dafür nennen?«

»Mit Vergnügen«, antwortete Maria. »Nehmen wir einmal an, Sie wollen in einer Abteilung Ihres Unternehmens die Effizienz steigern und stellen fest, daß ein langjähriger Mitarbeiter nicht über die nötige Erfahrung im Umgang mit Computern verfügt. Diesem Mitarbeiter das notwendige Wissen beizubringen, wäre – falls überhaupt möglich – nicht nur kostspielig, sondern auch zeitraubend. Ein aufgeweckter, junger Computerexperte, der sich gerade initiativ bei Ihnen beworben hat, wäre der ideale Mann für diesen Posten, aber leider erlaubt

Ihr Finanzplan Ihnen nicht, beide zu beschäftigen. Was tun Sie?«

Tom dachte einen Moment nach, dann sagte er: »Muß die Frage nicht lauten, welche Entscheidung entspricht den Werten, zu denen sich das Unternehmen verpflichtet hat?«

»Genau. Und mit Hilfe der Anleitung können Sie feststellen, welche Werte im konkreten Fall wirksam sind. Schauen Sie sich unsere Kernwerte an – ethisch verantwortlich, bedürfnisorientiert und gewinnbringend handeln. Welcher davon ist in diesem Fall am direktesten wirksam?«

Tom überlegte kurz, dann zuckte er mit den Achseln. »Meiner Meinung nach berührt dieses Problem alle drei Werte.«

»Inwiefern?« wollte Maria wissen.

»Die Frage nach der ethischen Dimension stellt sich, weil es darum geht, wie man einen langjährigen, verdienten Mitarbeiter behandelt. Da es im Prinzip um die Effizienzsteigerung der Abteilung geht, berührt die Frage auch die Verpflichtung, die Bedürfnisse der Kunden und das legitime Interesse der Anteilseigner an gewinnbringendem Handeln zu berücksichtigen. Das beantwortet auch die zweite Frage der Anleitung nach den von der Entscheidung direkt betroffenen Parteien. In diesem Fall sind die direkt Betroffenen – und zwar unabhängig davon, wie das Problem gelöst wird – ganz eindeutig der langjährige Mitarbeiter, der Bewerber und die Abteilung.«

»Völlig richtig, Tom«, lobte Maria. »Wenden wir uns nun den Definitionen zu, die unter den Werten stehen. Sticht ihnen eine bestimmte Definition ins Auge, die Ihre Entscheidung beeinflussen könnte?«

Tom nahm die Liste mit den Kernwerten zur Hand und las die entsprechenden Definitionen laut vor. »Erstens, ›Ethisch handeln: Alle *Mitarbeiter* fair und gerecht behandeln.‹ Zweitens, ›Bedürfnisorientiert handeln: Verpflichtungen gegenüber *Kunden* im zugesagten Zeitraum erfüllen.‹ Und drittens, ›Bedürfnisorientiert handeln: Eine angemessene Eigenkapitalrendite für unsere *Anteilseigner* erwirtschaften.‹«

Maria nickte. »Und worauf würden Sie sich als erstes konzentrieren?«

»Auf die Verpflichtung zu ethischem Handeln«, antwortete Tom, »denn das ist der wichtigste Wert in Ihrem Unternehmen. Die gewünschte Lösung muß also fair und gerecht gegenüber dem Mitarbeiter sein. Allerdings darf sie auch nicht gegen die Selbstverpflichtungen verstoßen, die Sie gegenüber den anderen Interessengruppen eingegangen sind. Es sei denn, Sie nehmen in Kauf, das Vertrauen einer Interessengruppe auf Kosten einer oder mehrerer anderer zu erwerben.«

»Das genau ist eine Gedankenkette, die zeigt, wie auch unsere Leute mit dieser Anleitung umgehen. Sie zwingt sie auch, wie Ihnen sicherlich aufgefallen ist, festzulegen, wer noch an der Entscheidung beteiligt werden soll, ob der alte Mitarbeiter in einer fairen Art und Weise ersetzt, der neue Mitarbeiter in die Augabe eingeführt oder eine andere kreative Lösung für das Problem gesucht werden soll. Bei jeder Entscheidung, die Sie treffen, egal ob es um den Kauf oder Verkauf einer Tochtergesellschaft, einen Konflikt zwischen zwei Abteilungen oder eine Auseinandersetzung mit den Aktionären geht, *die Werte müssen der Boß bleiben*. Nur dann werden Ihre Mitarbeiter anfangen, die Werte als die eigentliche Machtinstanz innerhalb des Unternehmens zu akzeptieren.«

»Maria«, sagte Tom mit einem Seufzer, »ich will ganz aufrichtig sein. Sie reden davon, daß die Werte der Boß und daß alle Mitarbeiter Partner sein müssen. Mir wird sogar allmählich klar, wie das gehen könnte. Aber ich habe das Gefühl, als sei ich gerade erst von Bord eines Schiffes gegangen und würde ganz allein mitten in einem fremden Land stehen. Da, wo ich herkomme, war *ich* der Boß, habe *ich* alle wichtigen Entscheidungen getroffen. Sie werden also verstehen, daß ich hier einige harte Brocken schlucken muß. Allerdings hat mir das Beispiel, das Sie mit mir durchgespielt haben, bewiesen, daß es ein Konzept gibt und Instrumente und Prozesse wie diese Anleitung, an die ich mich halten kann. Und vielleicht ist das meine Rettung, je mehr ich über MBV lerne.« Tom warf Maria einen langen Blick zu, bevor er hinzufügte: »Ich habe den Eindruck, als würde ich immer und immer wieder dieselbe Botschaft hören – ändere zuerst dich selbst!«

»Ich bin froh, daß Sie so empfinden, Tom«, sagte Maria, »weil auch unsere Leute sagen, ohne Hilfsmittel wie die *Anleitung für wertefundierte Entscheidungsfindung* hätten sie keine klare Vorstellung davon, was sie tun oder wie sie etwas tun sollten. Wir wollen nicht nur, daß jeder stolz ist auf das, wofür wir stehen. Wir wollen auch, daß wir uns gegenseitig in die Pflicht nehmen, nach diesen Werten zu leben.

Bei uns gilt:

> Wirklicher Erfolg entsteht nicht
> durch die öffentliche Verkündigung
> unserer Werte, sondern dadurch,
> sie täglich zu leben.

»Kommen Sie mit«, sagte Maria und stand auf. »Es gibt noch eine weitere Methode, wie wir unsere Ziele und unsere Werte verbreiten.«

Tom folgte ihr durch den Flur zu einer Nische, die von der Haupteingangshalle abging. An einer Wand des Kabinetts hingen unzählige gerahmte Bilder von fröhlich lächelnden Telecom-Angestellten. Einige Bilder waren Porträtaufnahmen, andere Gruppenfotos.

Unter jedem Rahmen stand ein kurzer Text, der mit einem der Kernwerte anfing und in dem kurz berichtet wurde, wie diese Person, diese Gruppe oder dieses Team diesen speziellen Wert in ihrer Arbeit verwirklicht hatte. In einigen Fällen enthielten die Texte Rückmeldungen von zufriedenen Kunden, denen Telecom-Mitarbeiter einen besonderen Dienst oder Gefallen erwiesen hatten.

»Was Sie hier sehen, ist unsere sogenannte *Ruhmeswand*«, erklärte Maria. »Sie ist eine der Methoden, wie wir unsere MBV-Erfolgsstories bekanntmachen und feiern.«

»Eine großartige Idee.« Begeistert betrachtete Tom die aufgehängten Bilder.

»Was halten Sie davon, zum Abschluß noch bei einem Meeting vorbeizuschauen?« schlug Maria vor. »Ich habe beim Teamleiter nachgefragt, und er sagte, das Team habe nichts dagegen.« Neugierig darauf, ein MBV-Team bei der Arbeit zu sehen, stimmte Tom zu, und sie gingen durch die Halle in einen Flur.

Ein paar Meter weiter öffnete Maria eine Tür, und sie betraten einen Raum, in dem rund ein Dutzend Leute um einen großen Tisch versammelt saßen. Einige der Anwesenden blickten auf und lächelten Maria und Tom an. Ansonsten schien die Gruppe ihre Anwesenheit nicht wahrzunehmen, geschweige denn, sich davon ablenken zu lassen. Auf einem Flip-chart am anderen Ende des Raums prangte in dicken Lettern das Wort *Erfolgsgeschichten*. Auf dem Tisch lagen mehrere goldene und silberne Urkunden, auf denen jeweils einer der drei Kernwerte des Unternehmens stand.

Eine Frau, die, wie Maria Tom zuflüsterte, die Leiterin der Cafeteria war, berichtete der Gruppe von einem Vorfall, der sich vor einer Woche in der Cafeteria abgespielt hatte. »Letzten Dienstag entdeckte Jean einige verfaulte Tomaten und zeigte sie mir. Ich rief sofort Reynolds an, unseren Lieferanten. Es stellte sich heraus, daß die gesamte Lieferung verdorben war, und die Leute von Reynolds bedankten sich bei uns für den Hinweis. Deshalb schlage ich vor, Jean ein Lob dafür auszusprechen, daß sie sich für die Bedürfnisse ihrer Kunden eingesetzt hat, der Menschen, die in der Cafeteria essen und gesunde Kost erwarten.«

Die Gruppenleiterin nahm eine Urkunde in die Hand und hielt sie hoch, so daß alle sie sehen konnten. In großen Buchstaben stand darauf: »Einfach die Beste«. Sie überreichte die Urkunde an Jean, die sie voller Stolz entgegennahm, während die anderen im Raum applaudierten.

Nach dieser kurzen Zeremonie verließen Tom und Maria das Zimmer. »So beginnen wir alle unsere Meetings – mit Erfolgsgeschichten über vorbildlich gelebte Unternehmenswerte. Das ist eine weitere Methode, wie wir unseren Mitarbeitern unsere Anerkennung aussprechen und deutlich unterstreichen, daß wirklich unsere Werte darüber bestimmen, wie wir hier arbeiten. Außerdem drucken wir ausgewählte Erfolgsgeschichten in unserer monatlich erscheinenden Betriebszeitung und im Jahresbericht ab.«

»Ich habe gesehen, daß Telecom wirklich ernst damit macht, die Unternehmenswerte zu kommunizieren«, schwärmte Tom auf dem Weg zurück zu Ed Eastlands Büro.

»Und ob wir das tun«, antwortete Maria. »Schließlich wollen wir nicht mit anhören müssen, daß einer unserer Mitarbeiter sagt: ›Was ist eigentlich aus diesen Werten geworden, um die sie hier eine Weile so viel Wirbel veranstaltet haben? War wahrscheinlich wieder nur eine edle Sache, die dem Management dann doch nicht wichtig genug war!‹«

Ed hörte aufmerksam zu, als Tom mit wenigen Worten wiedergab, was er über Phase Eins – Unternehmensmission und -werte festlegen – und Phase Zwei – die Werte kommunizieren – des MBV-Prozesses gelernt hatte. Ed gratulierte Tom zu seinem Ausflug in die MBV-Welt und bot ihm an, jederzeit wieder vorbeizuschauen.

»Ich vermute, Sie werden morgen Meredith Manufacturing einen Besuch abstatten, oder?« fragte er Tom auf dem Weg zum Ausgang. Tom nickte. »Gut. Alexa Montague und die anderen von Meredith werden Sie mit den harten Seiten des Prozesses vertraut machen.«

»Den harten Seiten?« wiederholte Tom überrascht.

Ed blieb stehen und sah Tom ernst an. »Ich sage ›harte Seiten‹, weil es ganz schön hart werden kann, wenn Sie an den Punkt kommen, wo Sie der Wahrheit ins Gesicht sehen müssen, wo Sie sich fragen müssen, ob Sie Ihren Werten gemäß handeln oder nicht. Haben Sie schon gelesen, was auf der Unterseite von Jacks Ausrichtungspuzzle steht?«

»Nein, noch nicht«, antwortete Tom.

»Dann tun Sie das sobald wie möglich«, empfahl Ed. »Sie werden erfahren, warum die Ausrichtungsphase, mag sie auch noch so hart sein, den Aufwand wert ist.«

Tom bedankte sich bei seinem Gastgeber und verließ das Gebäude. Auf dem Weg zu seinem Wagen dachte er an das, was er von den Menschen bei Telecom gelernt hatte. Er wollte gerade den Motor anlassen, als sein Blick auf das auf dem Beifahrersitz liegende Paket von Jack fiel. Er öffnete es, zog den Kasten heraus und drehte ihn um. Auf dem Boden war ein Aufkleber in den Farben rot, weiß und blau angebracht. Darauf stand:

> Gewöhnliche Menschen, die sich
> an gemeinsamen Werten ausrichten und
> einer gemeinsamen Mission folgen,
> können außergewöhnliche Dinge
> erreichen.

7

Ausrichten

Phase 3 des MBV-Prozesses

Ein kühler Regen fiel, als Tom Yeomans vor dem Hauptgebäude von Meredith Manufacturing ausstieg. Nachdem er sich am Empfang angemeldet hatte, wurde er in Alexa Montagues Büro geführt, der Präsidentin und CEO des Unternehmens. Alexa, eine trotz ihres silbrigen Haares jugendlich aussehende Frau, unterhielt sich gerade mit einem jungen Mann, als Tom eintrat. Sie entschuldigte sich bei ihrem Gesprächspartner, ging auf Tom zu und stellte sich mit einem herzlichen Lächeln vor. »Scheint ganz so, als hätten wir vergessen, das passende Wetter für Ihren Besuch zu bestellen«, scherzte sie, bevor sie sich umwandte und auf den jungen Mann deutete. »Tom darf ich Ihnen Carl Goff vorstellen? Carl spielte eine wichtige Rolle in unserem Ausrichtungsprozeß und wird sich während Ihres Aufenthalts hier bei uns um Sie kümmern.«

Alexa bot ihm einen Kaffee an, den Tom dankbar annahm. Das heiße, dampfende Getränk belebte seinen Geist. Auf der Fahrt hierher hatte ihn Ed Eastlands Bemerkung, daß er mit Phase Drei die »harte Seite« des MBV-Prozesses kennenlernen würde, noch weiter beschäftigt.

»Ich habe bei Telecom in kurzer Zeit erstaunlich viel über Management durch Werte erfahren«, sagte Tom, »und bin nun darauf vorbereitet, mich in das ›Geheimnis‹ einweihen zu lassen, wie man ein Unternehmen an seinen Werten ausrichtet.«

»Die Ausrichtung an den Werten ist das Herz und die Seele der *Managing-By-Values*-Reise«, erklärte Alexa. »Sobald Sie Ihre Zielerklärung und Ihre Werte festgelegt und sie an alle wichtigen Interessengruppen kommuniziert haben, ist es an der Zeit, das Firmenverhalten und die Firmenabläufe ins Visier zu nehmen und dafür zu sorgen, daß sie mit Ihren erklärten Absichten und Prioritäten und den damit zusammenhängenden Leistungszielen übereinstimmen.«

»Wie lauten bei Meredith die Kernwerte?« forschte Tom nach.

»Ich sehe, Ed hat Sie offenbar gut vorbereitet«, sagte Alexa. »Nun, unser Wert Nummer Eins entspricht Telecoms oberstem Wert: *ethisches Verhalten* – sprich: das Richtige tun. An zweiter Stelle kommt das Streben nach *Erfolg* – sprich: der Aufbau einer wirtschaftlichen Grundlage für unser Überleben am Markt und dauerhaftes Wachstum. Und an dritter Stelle folgt die Verpflichtung zu *Spitzenleistungen* – sprich: das Streben nach einer der Spitzenqualität verpflichteten Arbeitstradition. Mir ist bewußt, daß von der ›Cheftliste‹ der Werte eines Unternehmens leicht angenommen wird, sie enthielte nichts als hohle Worte. Was zählt, ist, wie diese Werte bestimmt werden – oder, wenn Sie so wollen, wie diese Werte-CEOs gewählt werden – und was sie für die Menschen *bedeuten*, wenn sie sie lesen oder darüber nachdenken.«

»Mich interessiert besonders«, antwortete Tom, »wie Sie Ihre Managementmethoden an diesen Werten ausrichten.«

»Das kann Ihnen am besten Carl erklären. Als einer

unserer Ombudsmänner wird er bei der – wie wir sie nennen – ›Wertekonfliktreduzierung‹ oft um Unterstützung gebeten. Ein Wertekonflikt tritt zum Beispiel in einer Situation auf, in der ein Mitarbeiter oder ein Ablauf gar nicht oder nur ungenügend an unseren erklärten Werten ausgerichtet ist. Aber Sie und Carl sollten jetzt Ihren Rundgang beginnen. Ich werde Sie dann später nochmals sehen.«

Auf dem Gang wandte sich Tom an seinen Begleiter. »Carl, Alexa hat Sie als ›Ombudsmann‹ bezeichnet. Ist das nicht eine Art unparteiischer Vermittler?«

»Genau«, bestätigte Carl. »Ein Ombudsmann vermittelt in Konfliktsituationen, in denen ein mögliches Ausrichtungsproblem auftreten könnte. Seine Rolle besteht darin, dafür zu sorgen, daß das Ergebnis der Konfliktlösungsbemühungen mit unseren Werten übereinstimmt sowie – hoffentlich – für alle Beteiligten und Betroffenen vorteilhaft ist.«

»Das klingt nach einem ehrenvollen Posten«, sagte Tom. »Soweit ich das verstehe, werden die Ombudsleute von allen Mitarbeitern des Unternehmens gewählt.« Carl nickte. »Nun, dann ist es wohl angebracht, Sie zu Ihrer Wahl zu beglückwünschen«, fügte Tom hinzu.

Carl lächelte bescheiden. »Es war so, daß Alexa während des Ausrichtungsprozesses jeden Mitarbeiter bat, zwei Kandidaten für das Ombudsamt zu nominieren, einen für das Management und einen für die Belegschaft. Ich bin der Belegschafts-Ombudsmann. Eigentlich arbeite ich im Support der regionalen Vertriebsabteilung. Aber wenn mich jemand fragt, antworte ich, ich sei im Kundendienst tätig. Meine ›Kunden‹ sind unsere Vertreter, und deren Kunden sind unsere Klienten. Durch Management durch Werte wurde die Vorstellung, daß wir bei Meredith sowohl internen als auch externen Kunden dienen, noch fester in unseren Köpfen verankert. Und genau darum geht es auch bei meiner Arbeit als«, Carl grinste, »›Wertekonfliktlöser‹.«

»Lassen Sie mich das noch einmal zusammenfassen«, unterbrach Tom. »Es geht also in einer solchen Situation darum, das, was tatsächlich geschieht, mit den hinter dem Unternehmensziel und den vereinbarten Werten stehenden Absichten in Einklang zu bringen.« Carl nickte. »Aber«, fuhr Tom fort, »woran erkennen Sie, ob ein bestimmter Vorgang oder eine Verhaltensweise an den für das Unternehmen gültigen Werten ausgerichtet ist oder nicht?«

»Eine gute Frage«, antwortete Carl, »auf die es eine einfache Antwort gibt. Sie spüren es. Denken Sie an ein Auto, dessen Spurbreite nicht richtig eingestellt ist. Sie sehen den Defekt nicht unbedingt, aber Sie merken beim Fahren doch, daß etwas nicht stimmt.«

»Ich weiß, was Sie meinen«, rief Tom. »Vor einiger Zeit fuhr mir jemand in den Wagen. Bis die Werkstatt endlich einen Reparaturtermin anbieten konnte, mußte ich extrem gegensteuern, um überhaupt geradeaus fahren zu können.«

»Bei Problemen, die Menschen oder Prozesse innerhalb von Organisationen betreffen, ist es oft genauso. Sie spüren einfach, wenn etwas nicht in Ordnung ist.« Tom setzte zu einer Frage an, aber Carl kam ihm zuvor. »Ich weiß schon, was Sie fragen wollen. Nein, wir verlassen uns nicht nur auf unsere Intuition. Um zu erfassen, ob ein Ablauf oder ein Verhalten an den Werten ausgerichtet ist, benutzen wir eine Reihe anerkannter Meßverfahren. Die drei bei uns hauptsächlich zum Einsatz kommenden Instrumente sind Interviews und Fokusgruppen mit Kunden, Managementbewertung- und Feedback-Tools sowie Mitarbeiterumfragen.«

Tom schrieb eifrig mit. Als er fertig war, blickte er auf und sagte: »Da müssen Sie ja eine enorm vielfältige und umfangreiche Rückmeldung erhalten haben.«

»In der Tat«, bestätigte Carl. »So viel, daß wir die Messung der Kundeneinstellung einer externen Beratungsfirma übertragen mußten.«

»Wie haben Sie bei der Kundenzufriedenheit abgeschnitten?«

»Was die Qualität der Dienstleistungen anging, erzielten wir – ganz in Übereinstimmung mit unseren Kernwerten Erfolg und Spitzenleistung – hohe Punktzahlen. Aber es zeigte sich auch, daß wir in einigen Bereichen unseren Werten nicht gerecht wurden. Ein Bereich, in dem das besonders augenfällig war, war der Umgang mit Reklamationen. Während die Kunden unseren Service als hervorragend bewerteten, warfen sie unserem Kundendienst vor, bei auftretenden Komplikationen sehr schwerfällig und langsam zu reagieren. Über das Feedback konnten wir sogar die Ursache für die Schwachstelle lokalisieren. Das Problem bestand darin, daß die Kundendienstmitarbeiter über zuwenig Entscheidungskompetenz verfügten und deshalb nicht selbständig auf Kundenbeschwerden reagieren konnten. Unsere Leute waren zwar hervorragend dafür ausgebildet, ihre Sache richtig zu machen. Doch wenn etwas nicht wie vorhergesehen lief, mußten sie zuerst mit irgendeinem Vorgesetzten Rücksprache halten. Das ging natürlich auf Kosten ihrer Fähigkeit, rasch und flexibel auf die Bedürfnisse der Kunden zu reagieren.«

Tom blätterte in seinen Aufzeichnungen, bis er eine bestimmte Stelle fand. »Könnten Sie mir mehr über die Managementbewertungs- und Feedback-Tools sagen?«

»Die haben wirklich eingeschlagen«, verkündete Carl mit einem zufriedenen Grinsen. »Da ich kein leitender Angestellter bin, fehlt mir zwar die direkte Erfahrung. Dennoch ist es ein offenes Geheimnis, daß das Assessment und vor allem das Mitarbeiter-Feedback für die zwanzig betroffenen Topmanager eine Erfahrung war, die wohl keiner von ihnen so schnell vergessen wird. Dabei beschränkten sich die Auswirkungen beileibe nicht auf das Management, sondern erfaßten das ganze Unternehmen.«

Aufmerksam und gespannt blickte Tom sein Gegenüber an.

»In der Bewertungsphase wurden die Werte, der Arbeitsstil und die adaptiven Verhaltensmuster der Manager unter die Lupe genommen. Dabei lernten sie viel über sich und ihre Kollegen, vor allem aus den anonymen Rückmeldungen ihrer direkten Untergebenen und ihrer Managementkollegen.«

»Wäre es eventuell möglich, mit einem der an dem Programm beteiligten Manager zu reden?«

»Natürlich«, erwiderte Carl. »Was halten Sie davon, ›Schreihals‹ McGinty einen kurzen Besuch abzustatten?«

»›Schreihals‹ McGinty?« echote Tom verblüfft.

»McGinty erhielt diesen Spitznamen, weil er dafür berüchtigt war, seine Leute anzuschreien und zur Schnecke zu machen.«

»Kennt er seinen Spitznamen?«

»Mittlerweile ja.«

Die beiden Männer gingen den Flur hinunter, bis sie ein Eckbüro erreichten. Auf der Tür entdeckte Tom ein Schild: *Der Schreihals ist da.* »Ich finde es gut, wenn Leute über sich selbst lachen können«, sagte er zu Carl.

»Das traf auf McGinty allerdings nicht immer zu«, antwortete Carl. »Aber es wird am besten sein, wenn er Ihnen seine Geschichte selbst erzählt.« Er klopfte an die Tür und ging hinein.

Ein großer und beleibter Mann hob den Kopf. Er warf den beiden Besuchern einen strengen Blick zu. »Wen haben Sie denn da im Schlepptau?« schnauzte er Carl an.

»Bryan, das hier ist Tom Yeomans, der Geschäftsführer von RimCo«, erwiderte Carl unbeeindruckt. »Tom ist hier, um etwas über die Ausrichtungsphase des MBV-Prozesses zu erfahren. Und da ich weiß, daß Sie immer gerne Ihre Geschichte vom Schreihals erzählen, dachte ich …«

»Das könnte Ihnen so passen!« fuhr er Carl an. »Mir stinkt es, ständig wie eine Hauptattraktion in Disneyland vorgeführt zu werden. Sie, Carl, sind dabei einer der schlimmsten Übeltäter: ›Und hier, meine Damen und Herren, Schreihals McGinty, ein besonders schönes Exemplar seiner Gattung …‹.«

Tom, dem das Ganze unangenehm war, zog sich vorsichtig Richtung Tür zurück. Als Bryan das sah, brach er unvermittelt in lautes Lachen aus. »Setzen Sie sich«, sagte er mit plötzlich ganz ruhiger Stimme. »Ich wollte Ihnen nur eine kleine Kostprobe meines früheren Verhaltens bieten. Ich will Ihnen von dem Feedback berichten, das ich damals erhalten habe.

Vor dem Assessment waren wir Manager uns zwar einig, daß es im Unternehmen bestimmte Schwachstellen gab und die Wertvorstellungen nicht überall erfüllt wurden. Doch daran waren nicht wir, sondern die anderen schuld. Zumindest sahen wir das so. Ich selbst zum Beispiel war bis zu dem Assessment der felsenfesten Überzeugung, mit meinem eigenen Verhalten regelrecht eine Verkörperung der zentralen Werte unseres Unternehmens zu sein.«

»Das kann ich mir gut vorstellen«, lächelte Tom wissend.

»Nachdem ich den Anfangsschock, daß man mich im gesamten Unternehmen den ›Schreihals‹ nannte, überwunden hatte, erkannte ich, daß ich nichts zur Lösung des Problems beitrug, sondern im Gegenteil selbst ein Teil davon war.«

»Keine für das Selbstwertgefühl sonderlich schmeichelhafte Erkenntnis«, scherzte Tom, der Bryans Empfindungen nur allzugut nachvollziehen konnte.

»Ganz recht«, erwiderte McGinty. »Heute kann ich zwar darüber lachen. Aber ich sage Ihnen, in der ersten Zeit hat mich die Sache nicht nur eine schlaflose Nacht gekostet. Und beileibe nicht nur, weil ›Schreihals‹ keine nette Bezeichnung ist, sondern weil mir klargeworden war, daß Alexa und alle anderen im Betrieb voll und ganz hinter diesem *Managing-By-Values*-Ding standen. Was das bedeutete, lag auf der Hand. Entweder würde ich mein Verhalten so ändern, daß es unserem ethischen Anspruch genügte – sprich, das für andere Richtige tun –, oder ich würde mal wieder Karriereplanung betreiben müssen.«

»Wie haben Sie reagiert?«

»Ich erklärte mich ziemlich schnell zur Teilnahme an einem Interaktionsseminar bereit. Das Zusammensein und -arbeiten mit zwölf Leuten in einem abgelegenen Resort-Hotel führte mir die negativen Folgen meines Verhaltens sehr plastisch vor Augen.« McGinty blickte kurz gedankenverloren an die Decke, dann fuhr er fort:

»Tom, praktisch jeder sagt doch, Probleme würden im allgemeinen durch mangelhafte Kommunikation verursacht.«

»Und, stimmt das etwa nicht?« Tom war erstaunt über die Bemerkung.

»Es stimmt, aber es stimmt auch wieder nicht. Auf der einen Seite trifft es zu, weil die Menschen nicht genug und nicht aufrichtig genug miteinander kommunizieren. Auf der anderen Seite geht es bei Problemen in Organisationen oftmals mehr um das individuelle Sicherheitsgefühl als um zwischenmenschliche Kommunikationsstörungen.« Bryan schlug den vor ihm auf dem Tisch liegenden Terminkalender auf. Er drehte ihn herum, so daß Tom lesen konnte, was auf der ersten Seite stand:

> Kommunikation ereignet sich ganz natürlich, wenn man für ein sicheres Umfeld sorgt.

»Jeden Morgen, bevor ich mich an meinen Schreibtisch setze, lese ich diesen Satz«, sagt Bryan. »Ich bemühe mich, meinen Leuten ein sicheres Umfeld zu bieten. Vertrauen kann nur dort entstehen, wo das Bedürfnis nach Sicherheit erfüllt ist. Und nur dort, wo ein Klima des Vertrauens herrscht, können wir durch unsere Beziehungen das eigentliche Ziel menschlicher Kommunikation erreichen.«

»Und das wäre?« Tom sah Bryan gespannt an.

»Gegenseitiges Verständnis. Wenn ich weiß, daß Sie mir und ich Ihnen zugehört habe und daß wir uns über das Gesagte einig sind – dann haben wir miteinander kommuniziert.«

»Hmm. Wollen Sie damit sagen, daß wir in allem einer Meinung sein müssen?« hakte Tom skeptisch nach.

»Keineswegs. Kommunikation basiert nicht auf dauernder Übereinstimmung, sondern auf gegenseitigem Verständnis.« Bryan machte eine Pause, bevor er mit einem Lächeln weitersprach. »Haben Sie verstanden, was ich damit sagen will?«

»Ja, ja, kapiert«, erwiderte Tom lachend.

»Okay, wollte nur sichergehen.«

»Bryan, wir müssen los«, unterbrach Carl.

»Komme schon.« Bryan stand auf und gab Tom die Hand. »Ich bin froh, daß wir uns verstehen.«

»Ganz meinerseits«, antwortete Tom schmunzelnd.

»Hey, jetzt reicht es aber«, drängte Carl. Offensichtlich hatte Schreihals McGinty in Tom einen Seelenverwandten gefunden.

Auf dem Weg den Flur hinunter faßte Tom zusammen, was er von Bryan erfahren hatte. »Also, mit die radikalsten Veränderungen mußten die Leute an der Spitze durchmachen. Was brachte die Mitarbeiterumfrage zu den Unternehmensabläufen?«

In gespielter Verzweiflung verdrehte Carl die Augen. »Wer Mitarbeiter nach ihren Vorstellungen fragt, wie das Arbeitsumfeld verbessert werden könnte, muß mit allem rechnen – selbst damit, daß sie nichts sagen wollen. Viele unserer Mitarbeiter warfen ihren Teamleitern und Managern vor, einen Command-and-Control-Führungsstil zu pflegen. Daß sie da mit ihren Ideen und Veränderungsvorschlägen hinter dem Berg hielten, ist kein Wunder.

Um diese Zurückhaltung abzubauen, stellten wir ein speziell auf Manager und Teamleiter zugeschnittenes Trainings- und Entwicklungsprogramm für effektive Führung und Teamarbeit zusammen. Außerdem entwikkelten wir einen Feedback-Mechanismus, mittels dessen die Manager ihr Verhalten in diesen Bereichen kontinuierlich messen und anpassen können.

Es stellte sich rasch heraus, daß ein Weg, das Vertrauen der Belegschaft in das Management zu stärken, darin bestand, einige der von den Mitarbeitern eingebrachten Veränderungsvorschläge möglichst schnell aufzugreifen. Entsprechend der Forderung der Mitarbeiter nach kürzeren Entscheidungswegen dezentralisierten wir die Managementstruktur der einzelnen Geschäftsbereiche. Dadurch, daß wir die Entscheidungskompetenz näher zum Kunden verlagerten, verminderten wir nicht nur die zwischen den Geschäftsbereichen herrschende Konkurrenz, sondern gestanden unseren Mitarbeitern auch mehr Kompetenzen zu.

So konnten wir auf einen Schlag zwei unserer Kernwerte verstärken – die Verpflichtung zu ethischem Verhalten und die Verpflichtung zu Spitzenleistungen. Die Folge: Im letzten Jahr schnellten unsere Auftragseingänge um 20 Prozent in die Höhe, während unsere wichtigsten Konkurrenten Umsatzeinbußen von 10 Prozent hinnehmen mußten. Ein eindrucksvolles Beispiel für die Vitalität unseres dritten Kernwertes, das Streben nach Erfolg.«

»Apropos Konkurrenz zwischen einzelnen Geschäftsbereichen, könnten Sie das ein wenig weiter ausführen?« bat Tom. »Wir bei RimCo haben nämlich mit demselben Problem zu kämpfen.«

»Natürlich, sehr gerne«, sagte Carl. »Sie wissen so gut

wie ich, daß der Konkurrenzkampf zwischen einzelnen Abteilungen etwas ganz Alltägliches ist. Denken Sie nur an das Verhältnis zwischen Vertrieb und Marketing, zwischen Herstellung und Qualitätssicherung, zwischen Human Resources und Personalabteilung oder zwischen Buchhaltung und Finanzen. Dabei unterscheiden sich diese Leute voneinander eigentlich nur in der jeweiligen Sichtweise der Dinge – die einen denken eher kurzfristig, die anderen eher langfristig. Natürlich ist das eine Vereinfachung. Oft liegt die Ursache auch in den unterschiedlichen Persönlichkeitstypen, die aufgrund ganz bestimmter persönlicher Eigenschaften oder Einstellungen in speziellen Abteilungen bevorzugt angestellt werden oder durch eigene Initiative ihren Weg dorthin finden.«

»Und sobald diese Leute gemeinsam an einem Projekt arbeiten, kommt es zum Konflikt«, ergänzte Tom. Carl nickte.

»Ich muß sagen, Ihre Einsicht in die Ursachen unternehmensinterner Konflikte beeindruckt mich«, fuhr Tom fort. »Verdanken Sie diese Erkenntnisse Ihrer Tätigkeit als Ombudsmann?«

»Der Großteil meiner ›Erkenntnisse‹ verdanke ich der Tatsache, daß ich mitverfolgen konnte, wie die Leute mit der Zeit ihre Denkweise änderten.«

»Was meinen Sie damit, ›ihre Denkweise änderten‹?«

»Eine der einschneidendsten individuellen Veränderungen im Rahmen des MBV-Prozesses ist der Wechsel vom herkömmlichen Entweder-oder-Denken zu einem *Sowohl-als-auch*-Denken. Die Leute sind es gewohnt, etwas *entweder so oder so* zu machen, nicht so *und* so. Und deshalb kämpfen beide Seiten für den ihrer Ansicht nach einzig richtigen Weg, eine Sache zu tun.

Doch sobald sie einander zuhören und anerkennen, daß durchaus auch manches für die Position der Gegenseite spricht, fangen sie an, die *Sowohl-als-auch*-Denkweise zu benutzen. Wenn sie das tun, sind sie in der Lage, das Kriegsbeil zu begraben und auf einer partnerschaftlichen Basis zusammenzuarbeiten. Allerdings ist oft eine POPS-Sitzung nötig, um diesen Prozeß in Gang zu bringen.«

»Eine POPS-Sitzung?« wiederholte Tom. »Was ist das denn?«

»POPS, ein Kürzel für *People-Oriented Problem Solving*, ist eine menschenorientierte Problemlösungsstrategie. In bestimmten Konfliktsituationen stellt POPS eine sehr wirksame Methode dar, die Beteiligten durch die Beschäftigung mit einem konkreten Konflikt dazu zu bringen, sich wieder an ihren persönlichen Werten und den Kernwerten des Unternehmens auszurichten.«

»Mit anderen Worten, persönliche Probleme werden mit Hilfe eines Bezugs auf die Werte gelöst. Aber was meinen Sie mit ›unter bestimmten Umständen‹?«

»Nun, Management durch Werte soll das Unternehmen nicht ausbremsen, sondern es effizienter machen. Würden Sie bei jeder kleinen Unstimmigkeit im Betrieb eine POPS-Sitzung einberufen, würde keiner mehr zum Arbeiten kommen. POPS ist nur in Situationen angebracht, in denen ein persönlicher Konflikt dem Erfolg eines Teams, einer Abteilung oder des ganzen Unternehmens im Wege steht.«

»Und wie funktioniert dieses POPS?«

Sie waren vor dem Büro eines Managers angelangt. Carl warf durch die offenstehende Tür einen Blick in den Raum, dann drehte er sich um und sagte: »Dazu sprechen Sie am besten mit unserem POPS-Experten. Das hier ist Sam Petries Büro. Sam ist Manager in der Serviceabteilung, und als Management-Ombudsmann für das gesamte Unternehmen arbeiten wir beide oft eng zusammen. Wenn es jemand versteht, den POPS-Prozeß zur Aushandlung von ›Win-Win‹-Kompromissen zwischen Mitarbeitern einzusetzen, dann Sam. Wie es aussieht, ist er gerade dabei, genau das zu tun.«

Durch die Tür hindurch sah Tom den Manager, einen Mann mit schütterem Haar und Brille, mit zwei Leuten an einem Tisch sitzen. »Warten wir ein paar Minuten«, meinte Carl. »Vielleicht haben wir ja Glück, und sie sind bald fertig.«

Tom fiel auf, daß vor allem die beiden anderen Männer sprachen, während Sam sich darauf beschränkte, aufmerksam zuzuhören. Hin und wieder machte er eine Bemerkung und deutete auf eines der beiden gerahmten Plakate, die hinter seinem Tisch an der Wand hingen.

Auf dem einen Plakat standen die Kernwerte von Meredith Manufacturing. Das andere sah aus wie ein vergrößertes Arbeitsblatt mit der Überschrift *POPS – People-Oriented Problem Solving*.

Kaum fünf Minuten später war das Treffen beendet. Die beiden Männer standen auf und verließen das Büro. Beide schienen mit dem Ergebnis der Unterredung zufrieden.

Sam bat sie herein, und Carl stellte ihm Tom vor. »Hallo«, sagte Sam und schüttelte ihm die Hand. »Da Sie in Carls Begleitung aufkreuzen, nehme ich an, daß Sie auf der Suche nach Informationen über Management durch Werte sind. Kann ich Ihnen dabei irgendwie behilflich sein?«

»Ja, das können Sie«, bestätigte Tom. »Carl sagte mir, Sie seien ein Experte darin, mit Hilfe des POPS-Prozesses ›Win-Win‹-Kompromisse zwischen Mitarbeitern auszuhandeln.«

»Ob das mit dem Experten stimmt, weiß ich zwar nicht«, lachte Sam, »aber genau das habe ich mit den beiden Leuten gemacht, die bis vor einer Minute in meinem Büro saßen.«

»Und wie lief es?« fragte Tom.

»Sehr gut«, erwiderte Sam. »Im Prinzip haben die beiden ihr Problem selbst gelöst. Ich mußte nur hin und wieder eingreifen, wenn einer von beiden sich mißverständlich ausgedrückt oder ich den Eindruck hatte, sein Gegenüber würde ihm nicht wirklich zuhören. An sich beschränkte sich meine Funktion darauf, sie an unsere Leitwerte und die Regeln des POPS-Entscheidungsprozesses zu erinnern.«

»Können Sie mir mehr über POPS erzählen?«

»Der POPS-Prozeß beinhaltet eine Reihe von Fragen oder, wenn Sie so wollen, Schritten, die die Teilnehmer gemeinsam durchgehen«, erklärte Sam. »Ziel des Prozesses ist das Festlegen eines Handlungsplans, mit dessen Hilfe der dem aktuellen Konflikt zugrundeliegende Wertkonflikt gelöst werden soll.«

Er deutete auf das Plakat hinter seinem Tisch. »Der Prozeß wird in drei Phasen unterteilt – *Definition, Suche nach Lösungen* und *Durchführung/Nachbereitung.*«

Tom sah, daß unter jeder Phase mehrere Fragen aufgelistet waren. Während er die Fragen überflog, lenkte Sam seine Aufmerksamkeit auf einzelne Fragen, die er laut vorlas.

Der POPS-Prozeß

PHASE I:

DEFINITION

1. INTERESSEN DEFINIEREN
   Welches sind unsere zentralen Interessen?
2. ZIEL FORMULIEREN
   Was wollen wir erreichen?
3. GRUNDVORAUSSETZUNGEN IDENTIFIZIEREN
   Welche zentralen Interessengruppen sind betroffen?
   Welche Erwartungen haben wir/sie/das Unternehmen?

PHASE II:

SUCHE NACH LÖSUNGEN

1. MÖGLICHE LÖSUNGEN SAMMELN
   Sind »Win-Win«-Lösungen denkbar?
2. LÖSUNGSANSÄTZE BEWERTEN
   Welche Lösung ist am besten geeignet, uns unserem Ziel
   näher zu bringen?
3. ZUSTIMMUNG EINHOLEN
   Was sind wir bereit zu versuchen?

PHASE III:

DURCHFÜHRUNG/NACHBEREITUNG

1. AKTIONSPLAN ENTWICKELN
   Was muß getan werden, um diese Lösung zu ver-
   wirklichen?
2. ERFOLGSKRITERIEN DEFINIEREN
   Woran erkennen wir, ob der Aktionsplan funktioniert?
3. ERGEBNISSE ÜBERPRÜFEN
   Wie gut hat diese Lösung funktioniert?
   Was hätten wir anders machen müssen, um noch bessere
   Ergebnisse zu erzielen?

»Können Sie mir an einem Beispiel zeigen, wie POPS in der Praxis funktioniert?« fragte Tom.

»Natürlich«, antwortete Sam. »Wie Sie sich erinnern werden, ist einer unserer drei Kernwerte ethisches Handeln. Mit Bezug auf unsere Mitarbeiter definieren wir das unter anderem als Selbstachtung. Kennen Sie die Untersuchungen, nach denen das Ausmaß der Selbstachtung einer Person mit ihrer individuellen Leistungsfähigkeit korreliert?«

»Nein, aber ich bin lernfähig.«

»Niemand bezweifelt ernsthaft, daß Menschen, die sich am Arbeitsplatz gut behandelt fühlen, bessere Arbeit leisten. Ethisches Verhalten heißt für uns bei Meredith Manufacturing unter anderem, die Selbstachtung unserer Mitarbeiter zu respektieren und zu fördern. Wenn jemand gute Arbeit leistet, erfährt er dafür Anerkennung, und so *stärken* wir seine Selbstachtung. Macht jemand einen Fehler, versuchen wir ihn zu korrigieren, aber auf eine Art und Weise, daß sein Selbstwertgefühl *erhalten* wird. Das setzt voraus, den anderen als Person zu respektieren. Um das sicherzustellen, folgen wir hier einer einfachen Regel: ›Konzentriere dich auf das Verhalten, nicht auf den Menschen.‹«

»Nehmen wir einmal an, Sie und ich würden zusammenarbeiten«, sagte Tom dazwischen. »Und nehmen wir weiter an, zwischen uns entsteht ein Streit und ich fühle mich von Ihnen persönlich angegriffen. Wie würde mir POPS in dieser Situation weiterhelfen?«

Sam beugte sich vor und erklärte: »Alles, was Sie sagen müßten, wäre: ›Sam, meiner Meinung nach liegt hier ein ethischer Konflikt vor. Ihre Handlung verstößt gegen unsere Definition ethischen Verhaltens.‹«

»Aber was, wenn Sie anderer Ansicht sind? Wenn Sie

erwidern, Sie würden nur Ihren Job tun und sich darum kümmern, daß ich meinen tue? Was dann?«

»Dann müßten wir gemeinsam den POPS-Prozeß durchgehen«, antwortete Sam. »Zunächst – und vielleicht müßten wir dazu Hilfe von außen in Anspruch nehmen – käme es darauf an zu klären, ob überhaupt eine POPS-Situation vorliegt. Wir müßten uns darüber verständigen, ob der Konflikt unsere individuelle Arbeit oder unsere Zusammenarbeit an einem Projekt oder einer Aufgabe massiv behindert. Dazu würden wir uns der Fragen des POPS-Planes bedienen.«

»Das klingt ja alles ganz schön und gut«, wandte Tom skeptisch ein, »aber kommt es nicht vor, daß jemand aus Angst vor möglichen negativen Folgen eine Sache nicht anspricht – insbesondere wenn es um einen Konflikt mit dem direkten Vorgesetzten oder einem als schwierig bekannten Kollegen geht?«

»Natürlich kommt das vor«, gab Sam zu. »In einer solchen Situation kann der Betroffene die Anwesenheit eines Ombudsmanns wie Carl oder mir selbst verlangen, der den Prozeß begleitet. Wir beide sind schon mehr als einmal bei persönlichen Konflikten als Vermittler hinzugerufen worden«, erklärte er mit einem Seitenblick auf Carl.

»Weiß Gott«, bestätigte sein Kollege. »Üblicherweise fangen wir damit an, daß die Betroffenen sich gegenseitig die Sachlage schildern, und hören erst auf, wenn sie sich auf einen Handlungsplan geeinigt haben, der mit unseren Unternehmenswerten übereinstimmt. Das kann in zehn Minuten geschehen sein, das kann aber auch mehrere Stunden dauern.«

»Muß bei jedem Wertekonflikt der POPS-Prozeß in Gang gesetzt werden?« fragte Tom.

»Nein«, erwiderte Sam. »Wenn ein Problem, egal ob es sich um ein Problem auf einer Sach- oder der persönlichen Ebene handelt, ›über der Oberfläche‹ angesiedelt ist, wie wir es nennen – sprich: wenige persönliche oder zwischenmenschliche Faktoren im Spiel sind –, dann greifen wir auf den *Gap Alignment Action Plan*, kurz *GAAP*, zurück.« Er reichte Tom ein Blatt. »Das hier ist ein Beispiel dafür, wie wir per GAAP ein sehr kostspieliges Problem in den Griff bekamen, das auf fehlendem Verständnis – und damit auch einem Mangel an effektiver Kooperation – zwischen der Verkaufs- und der Inkassoabteilung beruhte.«

Gap Alignment Action Plan	
Schritt 1:	*Der Wert/das Prinzip = ethisches Verhalten* *(das für alle Interessengruppen Richtige tun)*
Schritt 2:	**Wertekonflikt identifizieren**
Ist- Zustand	Häufige Forderungen vom Verkauf, ausstehende Zahlungen nicht anzumahnen und das Kundeninkasso »lockerer« zu handhaben.
Soll- Zustand	Die Inkassoabteilung ist der Ansicht, daß der Erfolgswert unseres Unternehmens uns verpflichtet, anderen gegenüber fair, aber fest aufzutreten.
Schritt 3:	Erfolgsindikatoren für »Soll-Zustand« definieren *(Hinweis: Je nach erzielten Ergebnissen werden drei Erfolgsstufen unterschieden: a.) akzeptables Mindestergebnis, b.) zufriedenstellendes Ergebnis und c.) hervorragendes Ergebnis)*
Erfolgs- indikator:	1a.) Anteil offener Rechnungen 90 Tage nach Fälligkeit auf 10 Prozent reduziert. 1b.) Anteil offener Rechnungen 90 Tage nach Fälligkeit auf 5 Prozent reduziert. 1c.) Anteil offener Rechnungen 60 Tage nach Fälligkeit auf unter 5 Prozent reduziert.
Erfolgs- indikator:	2a.) Allen Verkaufsmitarbeitern in direkten Treffen die Erwartungen des Unternehmens verständlich machen und ihre Unterstützung für die Ziele erhalten. 2b.) Der Verkauf trägt aktiv dazu bei, den Zahlungseingang zu beschleunigen. 2c.) Dank des Einsatzes des Verkaufs sinkt der Anteil offener Rechnungen auf das als zufriedenstellend definierte Niveau.
Schritt 4:	**Wertekonflikt reduzieren** 1.) Mit dem Verkauf gemeinsame Verantwortung für Inkasso erörtern. 2.) Umgang der Inkassoabteilung mit säumigen Kunden erklären. 3.) Das Wissen über und Beziehungen zu den Kunden der Verkaufsmitarbeiter für laufenden Inkassoprozeß nutzen.
Schritt 5:	**Erzielter Nutzen (oder Konsequenzen aus Nichterreichen der Ziele)** 1.) Persönliche Ebene: Akzeptanz und Unterstützung des Ziels durch Verkauf; engere Zusammenarbeit zwischen Angehörigen des Verkaufs und der Inkassoabteilung. 2.) Organisatorische Ebene: dem Unternehmen die finanziellen Mittel zur Verfügung stellen, die es braucht und auf die es im Austausch für seine gelieferten Produkte/erbrachten Dienstleistungen Anspruch hat.

Tom fiel auf, daß der Plan die Beteiligten noch vor der Beschreibung des konkreten Wertekonflikts zur Feststellung des betroffenen Wertes aufforderte. Der Rest des Plans lief offensichtlich darauf hinaus, einen wertekonfliktfreien Ideal- oder Sollzustand zu definieren und Handlungsanleitungen zum Erreichen dieses Zustandes zu entwickeln.

»POPS und GAAP sind Wege, die unsere Mitarbeiter zu verantwortungsbewußtem Verhalten ermutigen«, schloß Sam. »Sie zwingen uns, Stellung zu beziehen und unsere Werte zu leben. Im Gegensatz zu vielen anderen Unternehmen können wir hier nicht einfach unsere Gefühle unter den Teppich kehren.«

Tom und Carl bedankten sich bei Sam für seine Ausführungen, dann setzten sie ihren Rundgang fort.

Nachdem sie ein paar Schritte gelaufen waren, wandte sich Tom mit einem Stirnrunzeln an Carl. »POPS scheint«, sagte er, »wirklich dazu zu führen, daß zwischenmenschliche Konflikte nicht unter den Tisch fallen. Aber war der Prozeß für einige Leute, zumindest in der Startphase, nicht ziemlich schmerzhaft?«

Carl lächelte. »Viele Leute fanden den POPS-Prozeß ab und an eine harte Angelegenheit. Anfangs fiel es vielen sehr schwer, offen über ihre Gefühle zu reden. Aber mit der Zeit lernten die meisten, mit ihren Emotionen offener umzugehen. Von einigen Leuten habe ich sogar überaus rührende Geschichten darüber gehört, wie sie mit Hilfe von POPS bei sich zu Hause den Familienfrieden wiederherstellen konnten.« Am Ende des Flurs prangte das Wort »Cafeteria« auf einer Tür. »Hier ist unsere Cafeteria«, sagte Carl. »Was halten Sie von einem kleinen Lunch?«

Nachdem sie sich Kaffee und etwas zu essen geholt

hatten, setzten sie sich an einen freien Tisch. »Aber«, nahm Tom den Faden wieder auf, »was ist mit Problemen *nicht*persönlicher Natur? Wie verfahren Sie damit?«

»Sachproblemen rücken wir mit GAAP oder TOPS zu Leibe. TOPS steht für *Task-Oriented Problem Solving* und ist eine aufgabenorientierte Problemlösungsstrategie. Genau genommen ist TOPS eine Art von Werkzeugkasten, den wir bei komplexeren Sachproblemen, die Strategien, Systeme, Prozesse oder Arbeitsmethoden betreffen, anstelle von GAAP einsetzen. Viele der TOPS-Werkzeuge entsprechen denen, die im Rahmen von Managementstrategien wie Total Quality Management oder Prozeß-Reengineering eine wichtige Rolle spielen.«

»Können Sie mir ein Beispiel dafür geben, wie TOPS in der Praxis angewandt wird?«

»Ein Beispiel für eine Situation, in der wir in den TOPS-Werkzeugkasten gegriffen haben, war ein schon lange schwelender Streit, der an jedem Monatsende zwischen Verkauf, Buchhaltung und Versand ausbrach. Als wir zu unserer MBV-Reise aufbrachen, stellte jemand diese Situation als einen zentralen Wertkonflikt heraus.«

»Inwiefern?«

»Auslöser des Konflikts war eine Prämienregelung, nach der ein Abschluß nur dann auf die Monatsergebnisse des Verkäufers angerechnet wurde, wenn das Produkt vor Monatsende ausgeliefert und in Rechnung gestellt worden war. Da der Bonus der Verkäufer nach ihren monatlichen Leistungszahlen berechnet wurde, drängten sie darauf, daß bis Monatsende alle Abschlüsse ausgeliefert und in Rechnung gestellt waren.«

»Und setzten damit Versand und Buchhaltung unter massiven Druck«, ergänzte Tom.

»Exakt«, bestätigte Carl. »Daß gegen Ende des Monats in diesen Abteilungen Zwölfstundentage die Regel waren, wird Sie wohl kaum wundern. Doch als dann alle Betroffenen das Problem und seine Hintergründe aus ihrer Sicht schilderten und sich gemeinsam auf die Suche nach einer Lösung machten, war es nicht mehr schwierig, die Sache in den Griff zu bekommen.

Vertreter aus allen drei Abteilungen setzten sich an einen Tisch und tüftelten gemeinsam eine völlig neue Lösung zur Reduzierung des regelmäßig zum Monatsende anfallenden Arbeitsberges aus. Das hat nicht nur den Streß vermindert, sondern auch dazu geführt, daß diese drei Abteilungen heute wie ein Team zusammenarbeiten.«

»Allein das scheint mir schon die Mühe wert, Management durch Werte bei RimCo einzuführen«, begeisterte sich Tom. »Bei uns gibt es ganz ähnliche Probleme zwischen einzelnen Abteilungen. Allerdings gewinne ich so langsam den Eindruck, als ob die Leute bei Meredith Manufacturing Tag für Tag an MBV-Themen arbeiten.«

Carl erhob sich und bedeutete Tom, ihm zu folgen. Als sie die Cafeteria verlassen hatten, wandte er sich wieder an Tom. »In letzter Zeit habe ich zahllose Berichte von Topmanagern über ihre Erfahrungen mit Reengineering-Projekten gelesen. Fast einstimmig erklärten sie, die Rationalisierung von Unternehmenssystemen sei verglichen mit dem Widerstand von Menschen gegen Veränderungen geradezu ein Kinderspiel. Management durch Werte ist eine Antwort auf das Problem dieses individuellen Widerstandes. Warum? Weil der MBV-Prozeß den Leuten über die Arbeit an spezifischen persönlichen Problemen hilft, ihr Verhalten an den Werten auszurichten.«

»Wie geht das konkret vor sich?« hakte Tom nach.

»Für jeden Mitarbeiter – vom Lagerarbeiter bis zum CEO – werden explizite Entwicklungsziele formuliert«, erklärte Carl. »Diese Ziele konzentrieren sich auf zentrale, werteorientierte Leistungsbereiche, die darauf ausgelegt sind, das individuelle Verhalten, die Kooperation in Arbeitsgruppen oder Teams und die unternehmerische Leistung zu verbessern. Wir nennen das den *Performance Management Process*, kurz PMP.«

Carl zog aus seiner Jackentasche eine Broschüre und reichte sie Tom. »Hier, das ist unser PMP-Handbuch, das den Leuten zeigt, wie sie ihr persönliches Verhalten an den Unternehmenswerten ausrichten können.«

Tom blätterte die 20seitige Broschüre durch. Bei einer Abbildung in der Mitte hielt er inne:

Persönliche Ziele an den Unternehmenswerten ausrichten

Welches persönliche Ziel entspricht dem Unternehmensziel
ETHISCHES VERHALTEN?
ZIEL: _____

Welches persönliche Ziel entspricht dem Unternehmensziel
ERFOLG ANSTREBEN?
ZIEL: _____

Welches persönliche Ziel entspricht dem Unternehmensziel
SPITZENLEISTUNGEN ERBRINGEN?
ZIEL: _____

»So langsam verstehe ich, warum alle sagen, daß die Ausrichtung 80 Prozent der MBV-Arbeit ausmacht. Die Leute müssen sehr viel Neues lernen, wenn der Prozeß tatsächlich Erfolg haben soll.«

»Wem sagen Sie das«, seufzte Carl gespielt. »Wir arbeiten hier seit mehr als drei Jahren daran. Aber so lange dauert es einfach, bis das Unternehmen als Ganzes auf den Zug aufgesprungen ist und wirklich Fortschritte erzielt. Und das A und O dabei ist, daß das Topmanagement die ganze Zeit über voll hinter dem Konzept steht. Aber wenn Sie meinen, daß wir jetzt, da wir gut unterwegs sind, die Hände in den Schoß legen könnten, täuschen Sie sich. Wir werden zwar immer besser darin, Wertekonflikte zu analysieren und zu überwinden, aber notwendigerweise einfacher wird das dadurch nicht.«

Tom dachte gerade darüber nach, als sein Blick auf ein an der Wand befestigtes Schild fiel. Er lächelte und deutete darauf: »Ich glaube, ich verstehe, worauf Sie hinauswollen.« Auf dem Schild stand:

> Worten Taten folgen lassen
> ist eine Reise ohne Ende.

Tom schüttelte Carls Hand. »Ich danke Ihnen für einen aufschlußreichen Einblick in die MBV-Realität. Ich werde, glaube ich, ohne irgendwelche Hirngespinste über den MBV-Prozeß nach Hause zurückkehren. Ich fand den Besuch hier sogar ziemlich ernüchternd. Aber bevor ich aufbreche, sollte ich mich noch von Alexa verabschieden.«

Alexa empfing ihn mit einem herzlichen Lächeln. »Nun, hat Carl Sie in die Geheimnisse der Ausrichtungsphase eingeweiht?«

Tom nickte. »Ich verstehe jetzt, warum ohne die Ausrichtungsphase das ganze Management-durch-Werte-Konzept lediglich graue Theorie bliebe. Carl erwähnte die hier durchgeführte Managementbewertung. Er sagte, Sie und Ihre Topmanager mußten sich mit zum Teil hartem Feedback zu Ihren persönlichen Werten, Ihrer Teamfähigkeit, Ihrem Arbeitsstil und Ihren adaptiven Fähigkeiten auseinandersetzten. Ich glaube, ich stecke in einer vergleichbaren Situation. Ich muß die Art und Weise ändern, wie ich mit meinen Mitarbeitern umgehe«, gestand er. »Wieder einmal das Prinzip ›Ändere dich zuerst selbst‹. Wie sind Sie damit umgegangen?«

»Jack Cunningham machte es uns sehr einfach«, sagte Alexa. »Er setzte sich mit jedem von uns an einen Tisch und sprach das Feedback mit uns durch. Von meinem Managementteam beispielsweise kam der Vorwurf, ich würde Informationen und Erfahrungen ausschließlich vor meinem persönlichen Hintergrund bewerten. Wenn etwa jemand zu mir sagte, ›Mir macht diese und diese Sache Sorgen‹, erwiderte ich postwendend, ›Weißt du, mir geht es genau so‹ und ließ mich dann lang und breit über meine eigene Sichtweise aus.«

Tom mußte grinsen. Was Alexa da gerade beschrieb, war auch für ihn typisch. »Sie haben also auch die Unart besessen, den anderen immerzu den Ball aus der Hand zu nehmen?«

Alexa nickte. »Gute Zuhörer motivieren die Sprecher. Zuerst sammeln sie Ideen und Informationen von ihrem Gegenüber. Sie sorgen dafür, daß sie den Ball behalten. Zum Beispiel mit Aufforderungen und Fragen wie ›Darüber will ich mehr wissen‹ oder ›Wie kam das?‹. Das mag vielleicht banal klingen, aber ich war so eingefahren in meinen Umgangsformen mit Menschen, daß ich das alles von Grund auf neu lernen mußte – fast so, wie ein Baby das Laufen lernt. Nachdem Jack mir die Augen für diejenigen unter meinen Verhaltensweisen geöffnet hatte, die ich verbessern mußte, arbeitete ich im Umgang mit Menschen jeden Tag ganz bewußt auf dieses Ziel hin. Inzwischen kann ich, wenn es die Lage erfordert, sogar nach Ansicht meines eigenen Teams ein recht guter Coach und Moderator sein. Das hilft uns allen, Spitzenleistungen zu erbringen – einer unserer Kernwerte.«

»Und was ist mit den anderen Managern? Hat sich jedes Mitglied Ihres Managementteams seine eigenen Ziele gesetzt, um, wie Sie, erfolgreicher arbeiten zu können?«

»Ja. Jeder von uns mußte entsprechend dem Feedback Schritte unternehmen, um seine Ziele besser an den Unternehmenswerten auszurichten«, erwiderte Alexa. »Viele teilten sogar Kollegen, die ihnen helfen konnten, die Ziele mit, die sie sich gesetzt hatten. Das eindrucksvollste Beispiel dafür ist der Fall einer Managerin, die über das Feedback erfuhr, daß die anderen sie als machthungrig betrachteten. Sie geriet in Auseinandersetzungen mit anderen, ohne es selbst überhaupt zu bemerken, und wunderte sich dann, daß die anderen ihr immer weniger vertrauten. Wenn nichts auf dem Spiel stand, machte es richtig Spaß, mit ihr zusammenzuarbeiten. Aber sobald es um etwas ging, änderte sie ihr Verhalten schlagartig. Kein Mensch wußte, wer an einem bestimmten Tag im Büro auftauchen würde – Frau Freundlich oder Attila der Hunne.«

»Hat sie sich verändert?«

»Und ob sie das hat«, antwortete Alexa. »Sie können sich sicherlich vorstellen, es fiel ihr nicht leicht, aber nach dem Treffen mit Jack, bei dem sie gemeinsam ihre neuen Ziele bestimmten, legte sie sofort los. Besonders beeindruckt mich, daß sie ihre Kollegen bat, sie darauf hinzuweisen, wenn sie wieder mit ihren Machtspielchen anfing. Sie bemühte sich, den Mechanismus zu durchschauen – wodurch er ausgelöst wurde, welche Gefühle sich dahinter verbargen und so weiter. Ich bin wirklich stolz auf sie. Wer sich so einschneidend und unübersehbar verändert, regt unweigerlich seine Mitmenschen an. Ihre Geschichte ähnelt vielen anderen, die in diesem Buch stehen.«

Alexa hielt einen großformatigen, ledergebundenen Ordner in die Höhe. Auf der Vorderseite stand in Goldprägeschrift *Unser Weg der Werte*.

»Hier drin sammle ich unsere Erfolgsgeschichten«, fuhr Alexa fort. »Dieser Ordner ist voller Bilder, Memos, Briefen, Kopien von Urkunden und Artikeln aus unserer Betriebszeitschrift und anderen Publikationen.« Sie schlug den Ordner an einer bestimmten Stelle auf. »Hier, diese Briefe und Memos dokumentieren den Weg der Managerin, von der ich gerade eben sprach, von der Ablehnung zur Anerkennung und Bewunderung, ein Beispiel, das viele andere dazu ermutigte, sich wieder auf ihre Eigeninitiative zu besinnen.«

»Also eine Art Buch über die lebendige Entwicklung und Entfaltung Ihres Unternehmens!« rief Tom fasziniert.

»So könnte man es auch nennen. Ich halte den Ordner – übrigens schon der zweite, und auch der ist fast voll – als Quelle der Inspiration für mich und andere stets griffbereit. Sie werden sehen: Wenn Sie selbst erst einmal zu Ihrer MBV-Reise aufbrechen, werden Sie viele Geschichten hören und miterleben, die aufzuzeichnen und festzuhalten der Mühe wert ist.«

Alexa kam um den Tisch herum und schüttelte Tom die Hand. »Ich wünsche Ihnen eine erfolgreiche Reise. Sollten Sie irgendwann einmal meine Hilfe brauchen, lassen Sie es mich einfach wissen.«

8

Startschuß zur MBV-Reise

Später am selben Abend saß Tom über den Notizen, die er sich während seiner Besuche bei Telecom und Meredith Manufacturing gemacht hatte. Er dachte daran, wie freundlich er in beiden Unternehmen von Menschen auf unterschiedlichsten Positionen und Rangstufen behandelt worden war – Menschen, in denen er bereits jetzt Kollegen, Weggefährten auf einer gemeinsamen Reise sah.

Im Rückblick auf Jack Cunninghams Konzept der Drei Lebensziele wurde ihm klar, daß ihm seine neuen Freunde die Bedeutung der zweiten Verhaltensweise, »Verbinden«, sehr klar vor Augen geführt hatten. Nicht, daß er nun die Notwendigkeit des »Erreichens« verneinte, im Gegenteil, aber er sah dieses Streben jetzt mit neuen Augen. Trotz der vielen Unwägbarkeiten, die vor ihm lagen, fühlte er ein tiefes Vertrauen in das Ziel, das am Ende dieses neuen Weges auf ihn und sein Unternehmen wartete.

Für den nächsten Tag hatte sich Tom mit Jack Cunningham zum Frühstück in einem Restaurant verabredet. Obwohl er nur wenig Schlaf gefunden hatte, fühlte er sich nicht müde; ihn begeisterte die Aussicht, mit RimCo zur *Fortunate-500*-Reise aufzubrechen. Tom betrat das Restaurant. Er blickte sich kurz um, erspähte Jack in einer abseits gelegenen Sitzecke und ging auf ihn zu. Jacks breites Lächeln und der feste Griff, mit dem er ihm die Hand schüttelte, strahlten eine positive und ansteckende Energie aus. Nachdem sie ihre Bestellung aufgegeben hatten, berichtete Tom von den Erkenntnissen, die er am Vortag bei Telecom und Meredith Manufacturing gewonnen hatte.

»Ich hoffe«, sagte Jack, nachdem Tom geendet hatte, »Ihre Gastgeber haben Sie nicht darüber im unklaren gelassen, daß sie mindestens mit drei Jahren rechnen müssen, bis Sie bei RimCo wirklich eine Management-durch-Werte-Kultur durchgesetzt haben.«

Tom nickte. »Wenn ich gestern eines gelernt habe, dann, daß MBV nichts für ungeduldige Zeitgenossen ist.« Er sah Jack ernst an. »Also, womit fangen wir an?«

»Die nächsten drei Monate müssen wir vor allem darauf verwenden, uns Klarheit über die Vision, die Unternehmenszielsetzung und die Werte von RimCo zu verschaffen. Dazu gehört auch, die Zustimmung aller wichtigen Interessengruppen zu diesen Werten zu gewinnen. In dieser ersten Phase werden wir auf Grundlage der Werte zwei Assessements durchführen – eins mit dem Topmanagement und eins mit dem gesamten Unternehmen.« Tom signalisierte sein Einverständnis.

»Danach«, fuhr Jack fort, »werden wir die Kommunikation der Unternehmensziele und der Werte in Angriff nehmen, bevor wir uns der zeitintensivsten Phase widmen.«

»Dem Ausrichtungsprozeß, nicht wahr?«

»Richtig. Was halten Sie davon, wenn wir uns nächsten Freitag wieder treffen? Wir beide setzen uns am Morgen nochmals zusammen, und am Nachmittag stelle ich Ihrem Managementteam das Konzept vor.«

»Von diesem Treffen wird sehr viel abhängen«, gab Tom zu bedenken. »Ich bin mir nicht sicher, ob mein Management dem MBV-Plan so ohne weiteres zustimmen wird. Wie ich Ihnen bereits erklärt habe, stellt mein bisheriger Führungsstil einen Teil des Problems dar. Ich kann also nicht davon ausgehen, daß sich mein Team so mir nichts dir nichts für meine neueste Idee begeistern wird.«

»Zumindest sind Sie sich dieses Sachverhalts bewußt. Das ist schon einmal etwas«, erwiderte Jack. »Um ganz offen zu sein, Menschen rückhaltlos für eine Sache zu gewinnen ist niemals einfach. Wer von gemeinsamen Werten spricht, berührt damit etwas, was die Leute sehr beschäftigt. Ich habe die Erfahrung gemacht, daß man die Menschen je nach Reaktion in drei Typen unterteilen kann.« Tom schlug sein Notizbuch auf und schrieb mit, während Jack die drei Typen beschrieb.

»Zuerst einmal gibt es die spontanen *Enthusiasten*. Diese Menschen lieben Veränderungen und werden ohne Zögern auf das Management-durch-Werte-Konzept einsteigen, wenn sie die für das Unternehmen darin enthaltenen Vorteile erkennen. Zweitens, und das sind die schwierigen Fälle, haben wir die *Blockierer*. Ihre erste Reaktion ist, sich dem Wandel zu widersetzen, die Hakken in den Boden zu stemmen und keinen Millimeter nachzugeben. Schließlich gibt es noch die *Zaungäste*. Das sind diejenigen, die erst einmal abwarten und Tee trinken, bis klar ist, woher der Wind weht, bevor sie sich auf die eine oder andere Seite schlagen. Diese Fraktion ist meist zahlenmäßig die stärkste Gruppe oder zumindest doch das Zünglein an der Waage.«

»Ich denke, Sie werden in meinem Team alle drei Typen antreffen, wenn Sie am Freitag zu uns kommen.«

Dann lächelte er und sagte: »Ich prophezeie Ihnen, die eindeutige Mehrheit werden Zaungäste sein. Jack«, fuhr er mit plötzlich ernster Stimme fort, »Sie ahnen gar nicht, wie froh ich bin, Sie an meiner Seite zu wissen. Ehrlich gesagt fühle ich mich zur Zeit auf ziemlich verlorenem Posten.«

Die Bedienung brachte ihr Frühstück. Die beiden Männer aßen einige Zeit schweigend. Schließlich ergriff Jack wieder das Wort. »Vielleicht haben Sie sich etwas viel vorgenommen, wenn Sie das ganze Unternehmen auf einen Schlag in den Prozeß einbeziehen wollen. Was halten Sie davon, den MBV-Prozeß etwas behutsamer in Gang zu setzen? Es wäre kein Problem, zunächst nur mit einer Abteilung anzufangen.« Jack entging nicht, wie Toms Augen strahlten, als er verstand, worauf dieser hinauswollte. »Gibt es bei RimCo einen Arbeitsbereich, in dem mehrheitlich spontane Enthusiasten sitzen und wo es denkbar wäre, den MBV-Prozeß ohne größere Probleme einzuführen?«

»Ich denke, unsere Marketingabteilung wäre dafür hervorragend geeignet. Die Leute dort sind sehr offen für neue Ideen. Außerdem habe ich im Marketing einige Freunde sitzen und bin bislang mit allen dort relativ gut ausgekommen. Welche Vorgehensweise schlagen Sie vor?«

»Am besten, ich beschreibe Ihnen zunächst einmal eine Technik, die ich *Werteaushandlung und Konsensfindung* nenne. Ich habe die Technik in vielen unterschiedlichen Situationen – von Großunternehmen über einzelne Abteilungen bis hin zu kleinen Familienbetrieben – mit großem Erfolg eingesetzt. Der Zweck der Übung besteht darin, alle Mitglieder eines Teams oder einer kleinen Gruppe so weit zu bringen, daß sie sich auf einen gemeinsamen Wertebestand einigen. Manchmal dauert das nur einige Stunden, dann wieder, vor allem bei größeren Gruppen, einen Tag oder sogar länger. Doch ob so oder so, hinterher fühlen sich alle Beteiligten gut. Kein Wunder, immerhin haben sie sich über einige sehr wichtige Dinge geeinigt und ein konkretes Ergebnis erzielt – ein Wertemuster, mit dem sich jeder einzelne identifizieren und das er als Richtschnur für die gemeinsame Arbeit verwenden kann.«

Tom fühlte Optimismus in sich aufsteigen. »Warum wenden wir diese Technik nicht gleich am Freitag auf mein Managementteam an? Falls es klappt, können wir uns in der folgenden Woche die Marketingabteilung vornehmen. Oder noch besser, wir lassen sie jeden Manager in seiner Abteilung durchspielen. Was halten Sie davon?«

Jack mußte lachen, als er sah, wie Tom sich von seiner eigenen Begeisterung mitreißen ließ. »Ich will Ihnen zuerst einmal erklären, wie die Werteaushandlung und Konsensfindung funktioniert. Einverstanden? Dann werden wir weitersehen.« Er öffnete seine Aktentasche und zog ein Blatt Papier heraus. Er reichte es Tom und sagte: »Hier, lesen Sie das durch.«

UNSERE WERTE

*Das Wichtigste im Leben ist zu entscheiden,
was das wichtigste ist.*

Für welche Werte soll unser Unternehmen, unsere Abteilung,
unsere Einheit oder unser Team stehen? Nach welchen Werten wollen wir unser Verhalten ausrichten? Schauen Sie sich
die unten abgedruckte Liste von möglichen Werten an. Krei-
sen Sie jeden Wert ein, der Ihnen spontan als besonders
wichtig ins Auge springt. Tragen Sie dann bitte Ihre *wichtigsten drei Werte*, nach der Wichtigkeit geordnet, in die freie
Fläche unter der Liste ein. Falls Ihnen andere Werte einfallen,
schreiben Sie sie einfach dazu.

Wahrheit	Ausdauer	Ressourcen
Effizienz	Aufrichtigkeit	Zuverlässigkeit
Eigeninitiative	Spaß	Vertrauen
Umweltschutz	Beziehungen	Spitzenleistungen
Macht	Weisheit	Teamwork
Kontrolle	Flexibilität	Service
Mut	Perspektive	Profitabilität
Konkurrenzfähigkeit	Verpflichtung	Freiheit
Aufregung	Anerkennung	Freundschaft
Kreativität	Lernen	Einfluß
Glück	Ehrlichkeit	Gerechtigkeit
Ehre	Originalität	Qualität
Innovation	Offenheit	harte Arbeit
Gehorsam	Wohlstand	Mitgefühl
Finanzielles Wachstum	Fairneß	Zielbewußtsein
Integrität	Ordnung	Stärke
Friede	Spiritualität	Selbstbeherrschung
Loyalität	Abenteuer	Klugheit
Klarheit	Kooperation	Erfolg
Sicherheit	Humor	Verantwortung
Liebe	Partnerschaft	Unterstützung

1. _____
2. _____
3. _____

116

Tom nahm sich Zeit, die Liste durchzusehen. Nach einer Weile zeigte er mit einem Kopfnicken an, daß er verstanden hatte, worum es ging. Jack ergriff wieder das Wort. »Die Methode funktioniert am besten in Gruppen mit sechs bis dreißig Teilnehmern. Zuerst füllt jeder Teilnehmer sein Blatt aus. Nachdem jeder drei Werte ausgewählt und diese nach Rang sortiert hat, beginnt der lustige Teil. Ich bitte die Leute, sich paarweise einander gegenüberzusetzen. Dann sage ich: ›Sie und Ihr Partner haben zusammen sechs Werte ausgewählt. Ihre Aufgabe in den nächsten zehn Minuten besteht darin, sich auf *drei* von diesen sechs Werten zu verständigen und sie gemeinsam nach ihrer Wichtigkeit zu ordnen.‹«

Tom stellte sich einen Raum voller Menschen vor, die paarweise zusammensitzen und lebhaft aufeinander einreden. »Und das soll funktionieren?« fragte er ungläubig.

»Hundertprozentig«, versicherte Jack. »Bevor die Leute anfangen, erinnere ich sie daran, daß viele der Worte auf der Liste verwandte Bedeutungen besitzen. Auch wenn der erste Eindruck sehr verschieden sein mag, rate ich ihnen, genau hinzusehen und nach womöglich bereits vorhandenen Übereinstimmungen zu suchen. Eine weitere hilfreiche Regel lautet, darauf achtzugeben, daß zumindest die Essenz der wichtigsten Wertekategorie jeder Person in den drei Werten enthalten ist, auf die sie sich am Ende einigen.«

»Was geschieht, wenn sich die einzelnen Paare auf drei Werte geeinigt haben? Gehen dann jeweils zwei Paare zusammen?«

»Genau so ist es«, sagte Jack. »In der nächsten Stufe handeln zwei Zweierteams drei gemeinsame Werte aus. Ich nehme mir viel Zeit, sie auf diesem Weg zu begleiten – Werte kommunizieren, den anderen zuhören und sich auf eine gemeinsame Liste einigen. Die Vierergruppen haben zwanzig Minuten Zeit, sich auf drei Werte zu verständigen.«

»Offensichtlich verdoppelt sich die Zahl der Teilnehmer in jeder Runde. Ich nehme also an, daß im nächsten Schritt Gruppen von acht versuchen werden, drei gemeinsame Werte auszuhandeln?« meinte Tom.

»Wieder richtig. Allerdings, je größer die Gruppen sind, desto länger dauert es. Ab Gruppen mit mehr als vier Mitgliedern lasse ich Sprecher bestimmen, die die eigentlichen Verhandlungen übernehmen. Die anderen sitzen dabei und hören zu. Für eine Gruppe mit zweiunddreißig Leuten müssen Sie einen ganzen Vormittag veranschlagen. Und falls Sie eine ungerade Zahl an Teilnehmern haben, müssen Sie eben ein bißchen jonglieren. Worauf es ankommt, ist, daß jeder Teilnehmer zu Wort kommt. Aber am Ende – und ich habe den Prozeß noch nie scheitern gesehen – haben Sie einen ganzen Raum voller Leute, die auf drei an eine Tafel geschriebene Werte blicken und sich sagen: ›Das sind unsere Werte!‹«

Bei dem Gedanken, einen solchen Satz aus dem Mund seiner Manager zu hören, mußte Tom unwillkürlich lächeln. »Klingt ja großartig«, sagte er. »Das also ist die Werteaushandlungs- und Konsensfindungstechnik?«

»Nur die erste Phase davon«, erwiderte Jack. »Am Nachmittag desselben Tages oder an einem anderen Tag kommen dieselben Leute nochmals zusammen und teilen sich in drei gleich große Gruppen auf. Ziel dieses Treffens ist es, die drei durch Diskussion festgelegten Werte zu ›operationalisieren‹. Jede Gruppe nimmt sich einen Wert vor und überlegt, welche Auswirkungen dieser spezielle Wert auf das praktische Verhalten hat und wie er im Rahmen der Unternehmenskultur umgesetzt werden kann. Ist das geschehen, stellt jede Gruppe ihre Liste den anderen beiden Gruppen vor. Sie werden sehen, am Ende dieser Sitzung werden Ihre Leute das Gefühl haben, wirklich etwas geleistet zu haben. Sie haben ein Set von gemeinsamen Werten entwickelt, haben diese operationalisiert und sich Gedanken darüber gemacht, wie diese Werte die Art und Weise ihrer Zusammenarbeit beeinflussen.

Nachdem ich allen für ihre Bemühungen gedankt habe, erkläre ich ihnen, die einzige Methode, wie sie ihre Ergebnisse in effektivere Zusammenarbeit ummünzen können, bestehe darin, diese drei Werte als den neuen *Boß* anzuerkennen. Sprich, jede Entscheidung, jeden Konflikt und jede Meinungsverschiedenheit im Team im Hinblick darauf anzugehen, inwieweit sie an diesen drei Werten ausgerichtet ist. Wurde beispielsweise als oberster Wert ›Respekt‹ vereinbart, dann muß wer auch immer sich respektlos behandelt fühlt alle Beteiligten klar und deutlich darauf hinweisen, daß dies einen Verstoß gegen den Respekt-Wert darstellt.«

»Das erscheint mir wie eine Miniausgabe des POPS-Prozesses, von dem Sam Petrie gestern sprach«, sagte Tom.

»In vielerlei Hinsicht ist es das auch«, bestätigte Jack mit einem freundlichen Lächeln. »Sieht so aus, als hätten Sie Ihre MBV-Hausaufgaben erledigt.«

Bevor die beiden auseinandergingen, vereinbarten sie, daß Jack am kommenden Freitag die Werteaushandlungs- und Konsensfindungstechnik mit dem RimCo-Managementteam durchspielen würde. Je nach dem, was dabei herauskam, wollten sie die weiteren Schritte planen.

Auch wenn es nur wenige Mitarbeiter bewußt mitbekamen, die folgenden Wochen bedeuteten für RimCo einen entscheidenden Wendepunkt. Jack Cunningham hatte Tom gebeten, sein Managementteam im voraus über das bevorstehende Treffen und seinen Zweck zu unterrichten. Als es soweit war, beschränkte sich Tom darauf, Jack dem Team kurz vorzustellen, und verließ dann den Raum.

Jack hatte Toms Erlaubnis eingeholt, mit dem Managementteam ganz offen über das Bild, das er von ihm und das sie von ihm hatten, zu sprechen. Also begann er das Treffen damit, den versammelten Managern über seine Gespräche mit Tom und Toms Besuche bei Telecom und Meredith Manufacturing zu berichten. »Sie wissen sicher alle, daß Tom sehr von dem Managementdurch-Werte-Konzept angetan ist. Tom ist sich bewußt, daß sein Führungsstil zumindest teilweise für die unerfreuliche Lage verantwortlich ist, in der RimCo sich befindet, und er hofft, daß der MBV-Prozeß ihm dabei helfen kann, sein Verhalten zu verändern. Sie alle werden, nehme ich an, Ihre einschlägigen Erfahrungen mit Toms Führungsstil gemacht haben.« Diese Äußerung provozierte allgemeines Kopfnicken und grimmiges Murmeln.

Dann forderte er die Manager auf, ihm ihre Erfahrungen, Bedenken und Hoffnungen mitzuteilen. Was folgte, hatte zunächst mehr Ähnlichkeit mit einer Therapiesitzung zum Frustabbau als mit einer geordneten Sitzung. Wie von Tom erwartet, nutzten die Manager die Gelegenheit, ihrer aufgestauten Frustration und Wut über die Art und Weise, wie sie behandelt worden waren, freien Lauf zu lassen – und ihren noch stärkeren Gefühlen darüber, wie Tom mit seinem Führungsstil die Unternehmensmoral und Produktivität beeinträchtigt hatte. Aus den Kommentaren hörte Jack eine echte Sorge um und Leidenschaft für Effizienz und Erfolg heraus. Diese Einsicht und Jacks Fähigkeit, jedem einzelnen der Anwesenden das Gefühl zu vermitteln, wirklich verstanden zu werden, gaben schlußendlich den Ausschlag. Die Manager wußten jetzt, daß er nicht dazu angeheuert worden war, sie über den Tisch zu ziehen oder gegeneinander auszuspielen.

Nachdem das geklärt war, erklärte Jack der Gruppe im Schnelldurchlauf die Funktionsweise des MBV-Prozesses, wobei er jede der drei Phasen knapp vorstellte. Als nächstes bat er sie um die Erlaubnis, mit ihnen eine strukturierte Übung durchführen zu dürfen, die ihnen helfen würde, ein Wertemuster als Richtlinie für das Unternehmen zu ermitteln. Die Manager stimmten zu, und Jack regte die Werteaushandlungs- und Konsensfindungstechnik an, die er Tom in der vorangegangenen Woche vorgestellt hatte. Am Ende dieses Tages war das Team praktisch schon für den MBV-Prozeß gewonnen. Am Vormittag hatten sich die Manager auf drei Werte geeinigt – *Integrität, Erfolg* und *Service* – und am Nachmittag daraus konkrete Verhaltensweisen abgeleitet. Während der Mittagspause war der Leiter der Finanzabteilung, Jerry Santana, auf Jack zugekommen und hatte mit einem breiten Lächeln verkündet: »Ich bin jetzt nun schon fünfzehn Jahre bei RimCo, doch das ist fast das erste Mal, daß wir alle über eine Sache wirklich einer Meinung sind.«

Dieser kurze Einblick in die MBV-Welt überzeugte die RimCo-Manager so sehr, daß sie von sich aus den Wunsch äußerten, Tom bei der Einführung des Konzepts zu unterstützen. Nach einigen weiteren Versammlungen, auf denen Tom und Jack das MBV-Konzept ausführlicher vorstellten, verständigte man sich darauf, den Prozeß zunächst in zwei Pilotabteilungen, der Marketing- und der Finanzabteilung, durchzuführen. Die Leiter der beiden Abteilungen erhielten den Auftrag, mit ihren Leuten im Laufe des nächsten Monats die Werteaushandlungs- und Konsensfindungsübung durchzuspielen und Feedback-Fokusgruppen zu veranstalten. Den Rest des Jahres sollten beide Abteilungen sowie das Managementteam daran arbeiten, ihr Verhalten an den ausgehandelten Werten zu orientieren.

Die Erfolgsgeschichten aus den Pilotprojekten des ersten Jahres bildeten die Grundlage für die unternehmensweite Einführung des Management-durch-Werte-Konzepts im darauffolgenden Jahr. Der erste Schritt bestand darin, die Unternehmenswerte zu finden und festzulegen. Aufgrund der Vorarbeit, die im Managementteam und in den beiden Pilotabteilungen geleistet worden war, konnte diese Phase erheblich schneller als üblich abgeschlossen werden.

Mit dem Eintritt in die Kommunikationsphase wurden überall im Unternehmen Plakate aufgehängt, Buttons und Einsteckkarten ausgegeben und zahllose andere Erinnerungshilfen verteilt, die das Bewußtsein für die Unternehmenswerte wachhielten und alle Beschäftigten dazu ermutigten, die Werte auch im Arbeitsalltag zu leben. In der Betriebszeitung – die umbenannt wurde und auf einen neuen, den Unternehmenswerten und dem angestrebten Image entsprechenden redaktionellen Schwerpunkt verpflichtet wurde – erschienen regelmäßig Artikel über den MBV-Prozeß und MBV-Erfolgsgeschichten. Es dauerte nicht lange, bis selbst in Routinekonferenzen die Gespräche und das Verhalten der Mitarbeiter die neuen Unternehmenswerte widerspiegelten. Selbst der flüchtigste Besucher hätte sich große Mühe geben müssen, um RimCos Werte-Dreigestirn – Integrität, Erfolg und Service – zu ignorieren.

Als dann die eigentliche Arbeit, die Ausrichtungsphase, in Angriff genommen wurde, bemerkte Tom erstaunt, wie viele Wertekonflikte praktisch jeden Tag auftraten und besprochen wurden. Er begann zu verstehen, daß, sobald ein Leiter das Vertrauen seiner Mitarbeiter und ihre Zustimmung zu einem bestimmten Set von Werten gewonnen hat, sie entschlossen für diese Werte eintreten und ihr Verhalten konsequent an ihnen ausrichten.

Während einer Unterhaltung mit Jack erklärte er einmal: »Dieser MBV-Prozeß erinnert mich an das Einschalten einer Glühbirne in einem stockdunklen Zimmer. Es ist mir fast schon peinlich, aber ich muß zugeben, daß praktisch jeden Tag und in jedem Winkel des Unternehmens neue, gewichtige Wertekonflikte ans Licht kommen.« Jack lächelte bloß.

Tom zog hinter einem Aktenschrank zwei gerahmte Slogans hervor und zeigte sie Jack. Die beiden Slogans hätten lange vor RimCos Aufbruch zur MBV-Reise in der Lobby gehangen. Der eine Ausspruch lautete: »Der Kundendienst ist nicht nur die Sache des Kundendienstes – er ist jedermanns Sache!« Der andere verkündete feierlich: »Unsere Mitarbeiter sind unsere wertvollste Ressource.«

»Furchtbares Geschwafel, nicht?« grinste Tom. »Früher dachte ich wirklich, diese Sprüche würden etwas bewirken, wir würden danach leben. Aber angesichts der Vielzahl der Wertekonflikte, an denen wir tagtäglich arbeiten müssen, weiß ich heute, daß sie nichts als leere Worte waren, hehre Erklärungen ohne Belang für die Praxis.

Dieser Satz zum Beispiel«, Tom hielt den Kundendienst-Slogan in die Höhe, »ahnen Sie, wie schwer es ist, diese Botschaft wirklich in die Tat umzusetzen? Jeden Mitarbeiter im Unternehmen davon zu überzeugen, im Dienst am Kunden seine ganz persönliche Sache zu sehen? Ohne Fortbildungen, Nachbetreuungen und gezielte Maßnahmen zur Stärkung des Bewußtseins für die Problematik geht hier in den meisten Fällen überhaupt nichts.

Ich habe inzwischen von mehreren Abteilungsleitern gehört, daß unsere Bemühungen in dieser Richtung seit einigen Monaten Früchte tragen – daß immer mehr Leute anfangen, ihre individuelle Tätigkeit als Teil des Dienstes am Kunden zu begreifen. Fast ebenso wichtig jedoch ist, daß wir unsere internen Beziehungen zunehmend als Kundenbeziehungen betrachten. Wir können uns erst dann berechtigte Hoffnungen machen, unser angestrebtes Ziel der Marktführerschaft zu erreichen, wenn alle Mitarbeiter verstehen, daß sie nicht nur externen Kunden gegenüber Dienstleistungen erbringen, sondern auch ihren Kollegen, den internen Kunden.«

»Was ist mit dem anderen Slogan, nach dem die Mitarbeiter die wertvollste Ressource des Unternehmens sind?« wollte Jack wissen.

»Wenn Sie meine Manager fragen, würden sie ausnahmslos zustimmen, daß man seine Leute fair und mit Respekt behandeln soll – das hätten sie sicherlich auch vor fünf Jahren getan. Aber es ist oft sehr schwer, alte Gewohnheiten abzulegen, und in dieser Hinsicht sind meine Manager daran gewohnt, vor allem zu reagieren.«

»Statt von sich aus aktiv zu werden?«

»Genau«, bestätigte Tom. »Jemand, der nur reagiert, sieht in diesem Spruch vor allem eine Warnung davor, durch eine allzu harte Gangart womöglich unnötig Schwierigkeiten zu provozieren. Unterm Strich lesen sie: ›Bring deine Leute dazu, deine Anweisungen zu befolgen, aber bleib dabei nett.‹ Manager mit einer aktiven Einstellung gehen in ihren Handlungen davon aus, daß ihre Leute mit ganzem Herzen und gesundem Menschenverstand bei der Arbeit sind, beziehen sie in die Entscheidungsfindung mit ein, fragen sie nach ihrer Meinung, spielen ihnen den Ball zu.«

»Und wie geht es an dieser Front voran?«

Tom rollte mit den Augen und seufzte. »Wie ich schon sagte, alte Gewohnheiten haben ein langes Leben. Ich habe meinen Managern ins Stammbuch geschrieben, sich nicht mehr als Richter, Kritiker und Gutachter in Personalunion zu verstehen, sondern als Mentor, Trainer und Helfer. Wir haben die Rollen von Managern und Vorgesetzten neu definiert, weg von der alten *Command-and-Control*-Mentalität hin zu einem Ansatz, der auf die Entwicklung und Förderung von Mitarbeitern und Teams abzielt. Allerdings mußten wir unsere Leute erst einmal in diesen neuen Managementstrategien ausbilden und coachen. Und wir mußten dafür sorgen, daß unser Leistungsmanagement und unsere Bonussysteme dieses neue Selbstverständnis unterstützten. Manchmal hatte ich das Gefühl, zwei Schritte voran- und einen zurückzugehen.«

»Tom, Sie sind einer der größten MBV-Anhänger, die ich kenne«, sagte Jack mit ernster Stimme. »Ich rate Ihnen daher dringend, Ihre Begeisterung mit einem Schuß Geduld zu mischen. Denken Sie daran, beständige und spürbare Ergebnisse von seiten der gesamten Firma können Sie erst ab dem dritten Jahr erwarten. Erste Fortschritte sind schnell erzielt, aber dauerhafte Veränderungen verlangen mehr Zeit und konzentrierte Anstrengungen.«

»Ich weiß, ich weiß«, erwiderte Tom etwas kleinlaut.

»Genau deswegen ist ja auch mein eigenes, persönliches Entwicklungsprogramm so wichtig. Ich will auf keinen Fall am Ende wieder als jemand bezeichnet werden, der durch Angsterzeugung führt. Worum ich mich bemühe, ist, einen wirklichen und auf unseren gemeinsamen Werten beruhenden Konsens aufzubauen und zu unterstützen.«

»Mit welchem Erfolg?« Jack blickte ihn neugierig an.

Tom wollte schon antworten, doch im letzten Moment hielt er inne, lehnte sich in seinen Sessel zurück und lächelte sein Gegenüber an. »Jack, ich bin sehr froh, daß Sie diese Frage gestellt haben. Doch bevor ich antworte, will ich sicher sein, ob ich Ihre Frage richtig verstanden habe. Interessieren Sie sich dafür, ob ich Fortschritte in meiner Fähigkeit als Zuhörer gemacht habe? Ist das zutreffend?«

»Sehr gut erkannt«, antwortete Jack mit einem ermutigenden Lächeln.

9

Rückblick auf die MBV-Reise

Tom Yeomans saß in seinem Büro bei RimCo und spielte gedankenverloren an dem Hebel seines Ausrichtungspuzzles herum. Kaum zu glauben, daß es nun schon drei Jahre her war, seit Jack ihm das Puzzle geschenkt hatte ...

Im ersten Jahr von RimCos MBV-Reise hatte Tom den Schwerpunkt auf die Arbeit an seinem eigenen Verhalten, auf die Veränderungen beim Managementteam und den beiden Pilotabteilungen gelegt. Im Laufe dieses Jahres waren so viele Mitarbeiter in den Prozeß mit einbezogen worden, daß Tom den richtigen Zeitpunkt für gekommen sah, die MBV-Kampagne nun mit einer unternehmensweiten Veranstaltung offiziell einläuten zu lassen – eine Veranstaltung, die später viele Leute als die Geburtsstunde der neuen RimCo betrachteten.

An diesem Abend sollte der inzwischen dritte Jahrestag der »New RimCo«-Kampagne stattfinden. Seit der spektakulären Premiere gehörte die Veranstaltung, auf der die MBV-Erfolgsgeschichten des vergangenen Jahres gefeiert und die Ziele für das nächste Jahr festgelegt wurden, zum festen Programm des RimCo-Jahres.

Ein Klopfen an der Tür schreckte ihn aus seinen Gedanken auf. Tom, der vermutete, daß das Jack Cunningham war, sprang auf, um die Tür zu öffnen. Jack hatte zugesagt, ihm bei der Schlußredaktion der Rede zu helfen, die er an diesem Abend halten wollte.

»Nun«, begann Jack, nachdem sie sich begrüßt hatten, »morgen sind es genau drei Jahre her, seit Sie und RimCo zu ihrer MBV-Reise aufgebrochen sind. Ich freue mich sehr und empfinde es als Ehre, daß Sie mich gebeten haben, Ihnen beim Abfassen Ihrer Rede zur Seite zu stehen. Allerdings liegt es schon eine ganze Weile zurück, seit wir uns das letzte Mal über Ihre Fortschritte unterhalten haben, also muß ich Sie bitten, mir ein wenig auf die Sprünge zu helfen. Fangen wir mit der Frage danach an, welche Früchte Ihre Investitionen in den Prozeß getragen haben. Ich gehe davon aus, daß Sie auch darüber reden wollen.«

»Worauf Sie wetten können. Zunächst, die Stimmung im Unternehmen hat sich deutlich verändert«, erwiderte Tom. »RimCo ist heute ganz ohne Frage ein angenehmer Arbeitsplatz. Seit wir unseren neuen Boß haben, scheinen alle hier an einem Strang zu ziehen.«

Tom deutete auf das Ausrichtungspuzzle und fuhr fort: »Ich bin fast versucht zu sagen, daß wir beinahe so perfekt funktionieren wie dieser kleine Kasten da, den Sie mir vor drei Jahren geschenkt haben. Unsere Werte zeigen Wirkungen wie ein starker Magnet. Sie bringen uns dazu, uns an einem gemeinsamen Ziel – unseren gemeinsamen Werten – auszurichten.«

»Das heißt, der Prozeß hat sich verselbständigt?« hakte Jack nach.

»Ja, er setzt eine Energie frei, die ansteckend wirkt. Die Leute reißen sich mit ihrer Begeisterung gegenseitig mit. Immer wieder höre ich jemand darüber reden, wie ihn die Erfolgsgeschichten, von denen er hört oder die er direkt miterlebt, mit frischer Kraft und neuem Mut erfüllen. Wie sich das alles nicht auf nur die Arbeitsweise der Menschen hier auswirkt, sondern auch auf ihr privates Leben, das zählt mit zu den erfreulichsten Folgen des MBV-Prozesses.«

»Stimmt«, bestätigte Jack. »Die positiven Veränderungen im persönlichen Bereich der Menschen sind ein sehr erfreulicher und inspirierender Nebeneffekt der MBV-Reise. Wie sieht es mit Ihrer eigenen Entwicklung aus?«

Toms Gesicht strahlte. »In diesem Jahr habe ich endlich angefangen, das Gesicht zu mögen, das ich im Spiegel sehe. Und ich glaube, es gibt viele Leute, die mir da zustimmen würden.«

»Haben Sie positive Rückmeldungen in dieser Richtung erhalten?« forschte Jack nach.

»Glaube ich dem, was ich so höre, mache ich ganz gute Fortschritte. Allerdings zieht es sich erheblich länger hin, als ich es erwartet hätte«, entgegnete Tom bescheiden.

»Ich warne Sie«, erwiderte Jack scherzhaft, »ich werde beim Dinner heute abend neben Leslie sitzen und sicherlich mehr Gelegenheit als genug finden, mich bei ihr rückzuversichern.« Seine Stimme wurde wieder ernst. »Was mich noch interessieren würde, ist, ob Ihnen Ihre Arbeit heute mehr Spaß macht als früher?«

»Ein wichtiger Unterschied besteht darin, daß mein Leben heute wesentlich weniger streng aufgeteilt ist«, antwortete Tom. »Früher hieß es hier Arbeit, dort Familie und dort das öffentliche Leben – alles kleine, hübsch voneinander abgetrennte Welten, die miteinander zu verbinden mir niemals in den Sinn gekommen wäre. Heute empfinde ich einen klaren, übergreifenden Sinn in meinem Leben. Egal, in welcher ›Welt‹ ich mich aufhalte, mein Verhalten bestimmt sich aus der Verquickung meiner persönlichen Wertvorstellungen und der Werte des Unternehmens. Was früher einmal isolierte Fragmente waren, beginnt, sich zu einem wunderbaren großen Ganzen zusammenzufügen.«

»Großartig!« Jack war ehrlich erfreut. »Die Werte wirken auf gewisse Weise wie ein starker Magnet.«

»Ganz genau«, erwiderte Tom. »Ich versuche, persönliche Integrität zu beweisen, indem ich anderen gegenüber offen und aufrichtig bin. Ich versuche, Vertrauen aufzubauen, indem ich mich selbst konsequent beim Wort nehme. Ich habe meine Leute gebeten, mich darauf hinzuweisen, wenn ich gegen diese Prinzipien verstoße. Und ich versichere Ihnen, das tun sie auch. Wenn ich mir etwas zuschulden kommen lasse, zögern sie nicht, eine POPS- oder eine GAAP-Sitzung einzuberufen.

Aber jetzt habe ich genug von mir geredet«, erklärte Tom. »Wir müssen uns über den kollektiven MBV-Erfolg des Unternehmens unterhalten. Da ich davon ausgegangen bin, daß Sie auch mit meinen Managern sprechen wollen, war ich so frei, das gesamte Team in den Konferenzraum zu bestellen. Lassen Sie uns gehen. Sie müßten inzwischen alle versammelt sein.«

Als Tom und Jack den Konferenzraum betraten, wurden sie von allen herzlich begrüßt. Die kleinen Scherze, die hin und her flogen, zeigten, daß Jack als Teil der Mannschaft akzeptiert wurde. »Vielen Dank für Ihr Kommen«, ergriff Tom das Wort, als sich schließlich alle wieder gesetzt hatten. »Wie jeder von Ihnen weiß, sind drei Jahre ins Land gegangen, seit wir zu unserer MBV-Reise aufgebrochen sind. Jack und ich würden von Ihnen gerne hören, welche Erfahrungen Sie in diesen drei Jahren gemacht haben, was Ihnen besonders aufgefallen ist, und«, hier legte er eine kurze Pause ein, »und wie Sie meine eigene Rolle beurteilen. Bitte, beherzigen Sie unseren RimCo-Grundsatz: keine Zurückhaltung, sagen Sie uns ohne Umschweife, was Sie denken.«

»Ich schließe mich diesem Appell gerne an«, bekräftigte Jack. »Mir kommt es darauf an, etwas über die Einsichten – und zwar die guten wie die schlechten – zu erfahren, die Sie im Laufe der Reise gewonnen haben, darüber, was Management durch Werte für Sie bedeutet.«

Jim Channing, stellvertretender Leiter der Forschungs- und Entwicklungsabteilung, meldete sich als erster zu Wort. »Ich kann den Kern dessen, was ich gelernt habe, in einem Satz zusammenfassen: *Management durch Werte ist kein x-beliebiges Managementprogramm, sondern eine Lebenseinstellung.* Unsere Werte steuern unser Geschäftsgebaren, nicht nur nach außen im Umgang mit Kunden und Lieferanten, sondern auch nach innen, im Umgang miteinander.

Am Anfang wollte ich nur eins: daß dieser ganze MBV-Unfug so schnell wie möglich wieder verschwindet. Ich glaubte, es wäre uns eher hinderlich, unsere Produkte effektiv zu verkaufen. Inzwischen ist mir klargeworden, daß Management durch Werte der Weg ist, unser Unternehmen zu vermarkten. Meiner Meinung nach stellt MBV einen einzigartigen Wettbewerbsvorteil dar, der uns erlaubt, unsere Produkte und Dienstleistungen optimal beim Kunden zu positionieren.«

»Was meinen Sie mit ›einzigartiger Wettbewerbsvorteil‹?« warf Jack ein.

»Damit meine ich, daß die meisten Menschen lieber Geschäfte mit einem Unternehmen wie RimCo machen, das über klare operative Werte verfügt und diese Werte nach innen und nach außen auch lebt, statt sie bloß als ethisches Deckmäntelchen zu mißbrauchen.«

Nach Channing meldete sich Mo Perry, die Direktorin der Abteilung für Human Resources, zu Wort. »Ich habe vom Beginn des Veränderungsprozesses an meine eigenen Beobachtungen und das, was andere mir über ihre Erfahrungen berichtet haben, festgehalten. Auf dieser Grundlage konnte ich so etwas wie ein Muster feststellen, eine Abfolge von typischen Reaktionen auf den MBV-Umsetzungsprozeß.« Mo ging zu einem Flip-chart und listete die sieben Stufen auf.

Typische Reaktionen auf den MBV-Prozeß

Stufe I

1. Allgemeine Übereinstimmung, daß der MBV-Prozeß eine gute Sache ist.
2. Enthusiasten erwarten eine problemlose Durchführung des Prozesses. Skeptiker sehen wegen der massiven Eingriffe in den Status quo erhebliche Hürden. Zaungäste begnügen sich mit der Rolle der unbeteiligten Beobachter.
3. Allgemeine Ansicht, daß MBV eher die anderen als »mich« betrifft.

Stufe II

4. Einsicht setzt sich durch, daß MBV ein langfrisitger und vielleicht sogar beständiger Prozeß sein wird.
5. Tatsache wird anerkannt, daß jeder einzelne, auch »ich«, eine Rolle im MBV-Prozeß spielt.

Stufe III

6. Einsicht setzt sich durch, daß MBV ein hohes Maß an dauerhafter und partnerschaftlicher Zusammenarbeit auf allen Ebenen und in allen Bereichen des Unternehmens erfordert.
7. Kollektiver Entschluß, das gesamte Unternehmen dauerhaft auf MBV umzustellen.

Ich sehe es so«, erklärte Mo, während sie schrieb, »daß der erste Schritt bei der Einführung des Management-durch-Werte-Konzeptes in einem Unternehmen wie RimCo die allgemeine Akzeptanz der dahinterstehenden Unternehmensphilosophie ist. Die Leute müssen davon überzeugt sein, daß das Unternehmen und die wichtigsten Interessengruppen auf Dauer von dem Umstieg auf die neue Management-Ethik profitieren. Sie wissen, daß das bei uns nicht sofort der Fall war. Um genau zu sein, es dauerte – die Pilotphase mit eingerechnet – ein Jahr, bis die Leute anfingen, an den Sinn und Zweck eines werteorientierten Managements zu glauben.«

»In anderen Unternehmen, die wir auf der MBV-Reise begleitet haben, waren es die einfachen Arbeiter und Angestellten und ihre unmittelbaren Vorgesetzten, die den Prozeß am vorbehaltlosesten unterstützten«, bestätigte Jack Mos Beobachtung, »obwohl sie dem Konzept aufgrund ihrer schlechten Erfahrungen mit einer Reihe sehr populärer, aber wirkungsloser Managementprogramme anfangs eine gehörige Portion Skepsis entgegenbrachten. Deshalb«, er wandte sich Tom zu, »war es auch so wichtig, daß Sie und das RimCo-Management das Konzept zunächst dazu benutzt haben, Ihre eigene Rolle neu zu definieren – und so dem Prozeß Glaubwürdigkeit verliehen, bevor er unternehmensweit umgesetzt wurde.«

»Nachdem die Leute Management-durch-Werte als eine tragfähige Unternehmensphilosophie akzeptiert hatten, tauchte das nächste Problem auf«, fuhr Mo in ihren Ausführungen fort. »Einige Leute schienen zu glauben, MBV sei nichts weiter als ein neuer Name für einen alten Hut. Da die Führungsebene hinter dem Konzept stand, meinten andere, Management-durch-Werte würde das

Unternehmen quasi über Nacht verwandeln, fast so, als ob es damit getan sei, ein paar Memos zu verschicken und einige Plakate aufzuhängen. Doch die Skeptiker sorgten dafür, daß diese Seifenblase schnell platzte.«

»Stimmt, ich erinnere mich noch gut daran, wie viele Leute die Ansicht äußerten, das Ganze komme ihnen wie ein gemütlicher Spaziergang vor«, warf Tom ein. »Mein Hinweis darauf, daß das in keinem der Unternehmen, die ich besucht hatte, der Fall gewesen war, fruchtete wenig. Ihre Antwort darauf lautete unweigerlich: ›Ja, aber wir sind eben anders.‹«

»Es gibt halt Dinge, die jeder für sich selbst lernen muß«, grinste Jim Channing. »Und aus genau diesem Grund habe ich keine Sekunde gezögert, meine Abteilung für die Pilotphase anzumelden – im Gegensatz zu vielen anderen, die ziemlich hochnäsig meinten, sie selbst könnten zwar auf Management-durch-Werte verzichten, aber es sei wohl doch eine gute Sache für ›gewisse Leute, die auf so etwas angewiesen sind‹.« Die Art, in der er das sagte, ließ die Runde laut auflachen.

»Aha, diese Leute hatten die Unternehmenswerte also schon perfekt verinnerlicht, und es waren wirklich nur die anderen, die noch auf Hilfe angewiesen waren?« Jack konnte sich ein Grinsen nicht verkneifen. Plötzlich aber wurde er wieder ernst. »Jede dieser Einstellungen ist verständlich. Und Sie müssen damit rechnen, daß jede von Ihrem Unternehmen auch vertreten wird – sie entsprechen einfach der Art und Weise, wie viele Menschen auf sich abzeichnende Veränderungen reagieren.«

Er blickte in die Runde. »Natürlich können Sie die Dinge so manipulieren, daß sie nach außen hin anders aussehen. Aber wirklicher Wandel setzt eine Veränderung im Inneren der Menschen voraus, eine Änderung in der Art und Weise, wie sie die Dinge wahrnehmen und wie sie auf bestimmte Situationen reagieren. Da diese Veränderung im Inneren noch nicht stattgefunden hatte, als wir zu unserer MBV-Reise aufbrachen, veränderten die Leute nur das, was sie sahen – nicht das, wie sie etwas sahen. Wirkliche Veränderungen stellen sich meist erst dann ein, wenn wir unsere Art des Sehens verändern. Oder, anders ausgedrückt«:

> Wirkliche Durchbrüche in unserem
> Leben ereignen sich nur dann, wenn
> wir anfangen, unsere Erfahrungen
> in einem anderen Licht zu betrachten.

»Genau dort liegt der Unterschied, der mir bei meinen Besuchen in den MBV-Unternehmen ins Auge gesprungen ist«, rief Tom aufgeregt aus. »Es war nicht so, daß sie die besten Leute, mehr Ressourcen oder eine einmalige Geschäftsstrategie gehabt hätten. Der wahre Unterschied bestand darin, daß der dreistufige MBV-Prozeß die Wahrnehmung der Mitarbeiter wirklich und dauerhaft verändert hatte.«

Ein paar nachdenkliche Momente lang sagte niemand etwas, dann ergriff Caroline Swayze, stellvertretende Leiterin der Finanzabteilung, das Wort. »Ich für meinen Teil habe erst nach einer ganzen Weile begriffen, daß die MBV-Reise kein gemütlicher Sonntagnachmittagsspaziergang sein würde. Zu diesem Zeitpunkt waren die meisten von uns aufgrund der positiven Erfahrungen mit POPS, TOPS und den anderen Ausrichtungstechniken bereits überzeugte MBV-Anhänger. Gleichzeitig erkannten wir aber auch immer mehr aus den alten Verhaltensweisen resultierende Probleme, die mit Hilfe dieser Veränderungsmittel angegangen werden mußten. Zusammen mit der Erkenntnis, daß sich der Prozeß nicht einfach so mit links umsetzen ließ, ergab sich daraus die fünfte von Mo festgestellte, typische Reaktion: die Einsicht, daß Management-durch-Werte *unser aller* Angelegenheit ist, daß wir alle dafür Verantwortung tragen.«

»Wollen Sie damit ausdrücken, daß der Prozeß, wenn er einmal in Gang gesetzt wurde, dazu führt, daß man irgendwie automatisch mitgerissen wird?« fragte Jack.

»Genau«, erwiderte Caroline. »Und zwar genau von dem Augenblick an, in dem man einsieht, daß bloßes Mitläufertum für den Erfolg des Konzepts nicht ausreicht. Der persönlichen Entwicklung aller Mitarbeiter kommt deshalb so große Bedeutung zu, weil wir unser Verhalten als einzelne und als Gruppen sehr genau daraufhin befragen müssen, ob es unseren Unternehmenswerten entspricht. Das kann manchmal sehr schmerzhaft sein. Aber jedesmal, wenn es zu einem Showdown kommt, müssen wir uns daran erinnern, was jeder von uns für das Wichtigste hält – die Werte, nach denen wir aufgrund gemeinsamer Übereinkunft am Arbeitsplatz leben wollen.«

Jetzt meldete sich auch der bislang schweigsame Leiter der Vertriebsabteilung, Paul Sherokian, zu Wort. »Meiner Erfahrung nach funktioniert Management-durch-Werte nur dann«, erklärte er, »wenn das Konzept ausnahmslos in allen Bereichen, auf allen Ebenen – angefangen bei der Unternehmensspitze – und im Umgang mit allen Interessengruppen verwirklicht wird. Was passiert, wenn das versäumt wird, ist leicht vorhersagbar – die gewünschte Wirkung bleibt aus. Oder, wie wir im Vertrieb gerne sagen:

> *Engagement* für eine Sache ist leicht auszumachen, wenn es vorhanden ist – und noch leichter, wenn nicht.

»Dem kann ich nur zustimmen«, bekundete Mo. »Mein Modell beschreibt ein typisches, aber beileibe nicht das einzige Reaktionsmuster. Nicht jeder hier hat diese drei Stufen so erlebt. Aber unabhängig davon, welche Wege beschritten wurden, so gut wie alle Beteiligten haben früher oder später von der siebten Reaktion berichtet – dem kollektiven Entschluß, den Prozeß fortzuführen.

Inzwischen ist praktisch jeder hier entschlossen, weiterzumachen, sieht jeder in dem MBV-Prozeß eine fortdauernde Entwicklung. Immer wieder höre ich Leute sagen, wir hätten schon viel früher zu dieser Reise aufbrechen sollen, wie wenig sie sich eine Zukunft ohne Management-durch-Werte vorstellen können, daß die durch diesen Prozeß ausgelösten Veränderungen der Grund sind, warum sie jeden Tag gerne zur Arbeit kommen.«

»Das klingt doch großartig, oder?« sagte Jack und blickte in die Runde. Die ganze Gruppe applaudierte.

»Ich habe mich schon gefragt, wann wir endlich mit dem Feiern und dem gegenseitigen Schulterklopfen anfangen würden«, rief Marty Driscoll, stellvertretende

Herstellungsleiterin. »Mir gefällt besonders, daß wir die bei uns verbreitete Gewohnheit abgelegt haben, auf den Fehlern unserer Leute herumzureiten, und statt dessen versuchen, sie dabei zu erwischen, wenn sie etwas richtig machen.«

»Da Sie gerade dabei sind«, warf Jack ein, »wollen Sie uns nicht von Ihren persönlichen Erfahrungen mit dem MBV-Prozeß erzählen?«

»Gerne«, erwiderte Marty. »Im Zentrum des Prozesses stand für mich und meine Leute der von uns selbst entwickelte *MBV-Spielplan*. Der Plan diente uns als eine Art Landkarte, als praxisorientierter Leitfaden, an dem wir jederzeit nachprüfen konnten, ob wir noch auf dem richtigen Weg waren, und der uns – wenn das nicht der Fall war – zeigte, was wir tun mußten, um wieder auf den richtigen Kurs zu kommen. Wenn ich wissen wollte, wo wir uns gerade befanden, brauchte ich nur einen Blick auf den Plan zu werfen.« Marty deutete auf ein an der Wand hängendes Plakat.

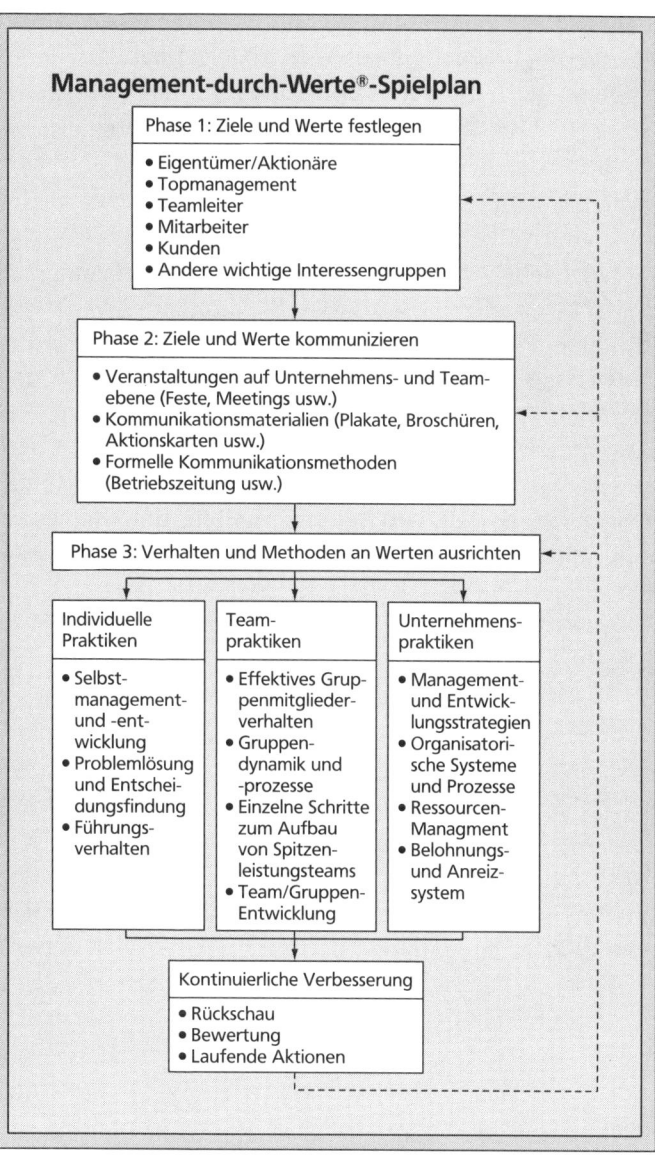

Management-durch-Werte®-Spielplan

Phase 1: Ziele und Werte festlegen

- Eigentümer/Aktionäre
- Topmanagement
- Teamleiter
- Mitarbeiter
- Kunden
- Andere wichtige Interessengruppen

Phase 2: Ziele und Werte kommunizieren

- Veranstaltungen auf Unternehmens- und Team-ebene (Feste, Meetings usw.)
- Kommunikationsmaterialien (Plakate, Broschüren, Aktionskarten usw.)
- Formelle Kommunikationsmethoden (Betriebszeitung usw.)

Phase 3: Verhalten und Methoden an Werten ausrichten

Individuelle Praktiken

- Selbst-management- und -ent-wicklung
- Problemlösung und Entschei-dungsfindung
- Führungs-verhalten

Team-praktiken

- Effektives Grup-penmitglieder-verhalten
- Gruppen-dynamik und -prozesse
- Einzelne Schritte zum Aufbau von Spitzen-leistungsteams
- Team/Gruppen-Entwicklung

Unternehmens-praktiken

- Management- und Entwick-lungsstrategien
- Organisatori-sche Systeme und Prozesse
- Ressourcen-Managment
- Belohnungs- und Anreiz-system

Kontinuierliche Verbesserung

- Rückschau
- Bewertung
- Laufende Aktionen

Er wartete ein paar Minuten, bis die anderen den Spielplan durchgelesen hatten, dann fuhr er fort: »Bevor ich hierherkam, habe ich in vier anderen Unternehmen gearbeitet. Aber RimCo ist der erste Betrieb, der mir die Gelegenheit zur persönlichen Entwicklung gab und gibt. Ich kann es nicht anders sagen: Für RimCo zu arbeiten ist spannend und aufregend.«

»Vielleicht«, warf der junge Justitiar Jay Burningham an Jack gewandt ein, »können Sie ja auch von der spezifischen Sichtweise eines Juristen profitieren. An der Universität brachte man uns zwar viel über Recht und Gesetze, aber wenig über angewandte Ethik bei. Ich empfinde die Arbeit in einer MBV-Kultur als eine Art Realitätstest für meine formale Ausbildung. Meiner Überzeugung nach verkörpert unser Unternehmenswert ›ethisches Verhalten‹ den Geist der wirklichen Gerechtigkeit.

Bevor ich bei RimCo anfing, erschöpfte sich mein juristisches Interesse an einer beliebigen Entscheidung in der Antwort auf eine Frage: Ist sie juristisch zulässig oder nicht? Die dreistufige *Ethik-Probe*, die Jack uns beibrachte, hat meinen engen juristischen Horizont beträchtlich erweitert. Wenn ich heute eine von uns getroffene Entscheidung beurteile, stelle ich mir drei Fragen. 1.) Ist sie juristisch zulässig? 2.) Ist sie ausgewogen und fair? 3.) Wie beeinflußt sie mein Selbstbild und das Bild, das wir oder andere von unserem Unternehmen haben?

Dadurch, daß wir nicht nur die rechtlichen Aspekte einer Entscheidung berücksichtigen, sondern auch das Gebot der Fairneß und ihre Auswirkungen auf unsere individuelle und kollektive Selbstachtung, ist die Wahrscheinlichkeit größer, daß wir in Übereinstimmung mit unserem gemeinsamen ethischen Wert handeln.«

»Sie haben ganz offensichtlich erkannt«, meinte Jack, »wie stark ethisches Management die Art und Weise beeinflussen kann, wie man ein Unternehmen führt.«

»Und ein Leben!« rief Jay.

»Apropos Leben«, schaltete sich Tom ein. »Mir persönlich half Management-durch-Werte nicht nur zu erkennen, was ich in meinem Beruf anstrebe, sondern, und das war noch viel wichtiger, auch, was ich in meinem Leben erreichen will.«

»Wie das?« wollte Mo wissen.

»Ich habe fast fünfzig Jahre gelebt, ohne mir jemals die Zeit zu nehmen, über das nachzudenken, worauf es mir im Leben ankommt«, gestand Tom ein. »Bis vor ein paar Jahren sah ich keine Möglichkeit, meinen Ehrgeiz und mein persönliches Verständnis von einem erfüllten Leben in Einklang zu bringen. Heute bin ich stolz darauf, eine persönliche Zielsetzung und ein Wertesystem zu haben, an denen ich mich in meinen Entscheidungen orientieren kann.«

»Würde es Ihnen etwas ausmachen, uns Ihre Zielsetzung zu erklären?« fragte Jack.

»Nein, natürlich nicht«, erwiderte Tom. »Mein persönliches Ziel, meine Mission, wenn Sie so wollen, lautet, mir selbst und anderen beizubringen, wie wir das Beste aus uns selbst herausholen und dadurch unsere Ziele eher erreichen und größere Erfüllung im Leben erfahren können. Meine drei persönlichen Werte, die mir helfen sollen, mein Lebensziel zu erreichen, heißen – in dieser Reihenfolge – Integrität, Liebe und Erfolg.«

Alle Anwesenden, auch Jack, klatschten. Mit strahlendem Gesicht fuhr Tom fort: »Die Nacht, in der ich Leslie und meinen Kindern das erzählte, werde ich niemals vergessen. Es war das erste Mal, daß ich in der Lage war, ihnen gegenüber auszusprechen, was für ein Vater und Ehemann ich gerne sein wollte. Ich bat sie, mir zu sagen, wenn ich in meine alten Verhaltensmuster zurückfiel, mir dabei zu helfen, mein Verhalten mit meinen Wertvorstellungen in Einklang zu bringen. Das war in der Zeit, als ich auch Sie um diesen Gefallen bat. So machte ich es mir selbst unmöglich, mit meinen kontraproduktiven Verhaltensweisen fortzufahren, egal ob zu Hause oder bei der Arbeit. Es war, das kann ich Ihnen versichern, keine leichte Zeit.«

»Was muß ich da über die Vermischung von Privat- und Geschäftsleben hören?« meldete sich Jack mit einem ironischen Unterton zu Wort. »Hat Ihnen denn niemand beigebracht, daß man seine persönlichen Gefühle an der Tür abgibt, wenn man zur Arbeit geht?«

Tom lächelte, dann erwiderte er. »Doch, und genau das habe ich die ganzen Jahre über getan, als sich mein Leben einzig und allein um das Erreichen von Dingen drehte.«

Jack blickte sich in der Runde um. »Nachdem wir nun von Tom erfahren haben, wie Management-durch-Werte sein Leben veränderte, will nicht jemand anderes Tom erzählen, welche Veränderungen der Prozeß in seinem Leben auslöste?«

Beverly Jameson hob die Hand. »Ich halte es für das beste, damit bis zum Festdiner heute abend zu warten«, wandte sie ein. Die anderen waren derselben Meinung, und so verblieb man denn auch. Das Treffen war vorüber.

Als alle gegangen waren, wandte sich Tom an Jack. »Das war ein wichtiges Treffen. Es zahlt sich aus, sich hin und wieder die Zeit für einen Rückblick auf das Erreichte zu nehmen, oder?«

»Genau«, bestätigte Jack. »Der gelegentliche Blick zurück hilft uns, auf dem vor uns liegenden Weg besser voranzukommen.«

»Ich bin sehr gespannt, was wir heute abend zu hören bekommen werden«, sagte Tom. »Ich meine damit nicht nur von RimCo-Mitarbeitern, sondern auch von unseren Gästen – unseren Kunden, Lieferanten, Investoren, Finanziers und Familienangehörigen.«

Am Abend mischte sich Jack unter die festlich gestimmte Menge und erkundigte sich nach den Erfahrungen der Anwesenden mit RimCos MBV-Reise. Jeder, den er ansprach, war gerne bereit, ihm seine Erfahrungen mitzuteilen. Hier einige der Geschichten, die Jack an diesem Abend hörte:

Langjähriger Kunde: »Seit RimCo Management-durch-Werte eingeführt hat, haben sich unsere Erwartungen verändert und unsere Beziehungen vertieft. MBV ist in meinen Augen das glaubwürdigste Marketinginstrument, über das ein Unternehmen verfügen kann.«

Neukunde: »Als die Leute von RimCo uns von ihrem Unternehmensziel und ihren Werten erzählten, dachten wir, ›Klingt schön und gut, aber …‹ Doch dann mußten wir feststellen, daß es ihnen ernst damit war. RimCo läßt seinen Worten auch Taten folgen, und das ist etwas, was man heute leider nur noch selten findet. Man rechnet einfach nicht mehr damit, von RimCo Produkte zu erhalten, die nicht funktionieren oder von ihrem Kundendienst unhöflich behandelt zu werden. Sie halten ihre Versprechen wirklich ein.«

Kunde: »Was RimCos Reparaturservice betrifft, so wünschte ich mir, unsere anderen Lieferanten würden sich daran ein Beispiel nehmen. Nicht, daß viel passieren würde. Aber wenn doch etwas schiefläuft, wissen wir, daß wir das Problem ansprechen können, daß man uns wirklich zuhört und dann auch schnell und zuverlässig hilft.«

Lieferant: »Den meisten Kunden müssen wir monatelang hinterherrennen, bis wir unser Geld bekommen. Nicht RimCo. Die zahlen ihre Rechnungen und halten ihre Zusagen ein.«

Finanzier: »RimCo ist ein lebendes Beispiel für das in Bankkreisen so beliebte Sprichwort, daß weder Verlust- noch Gewinnerklärungen, noch Bilanzen darüber bestimmen, ob ein Unternehmen das bezahlt, was es anderen schuldet oder ihnen verdankt – sondern die Einstellung seiner Mitarbeiter.«

Lieferant: »Es ist bezeichnend, daß RimCo in den letzten beiden Jahren branchenweit die besten Noten für Kundendienst und Lieferverläßlichkeit verliehen bekam – bessere Noten noch als wir selbst, und wir schneiden in diesen Bereichen weiß Gott seit jeher gut ab.«

Jack war erstaunt. Ein Lieferant, der zugab, daß ein anderes Unternehmen in puncto Kundendienst und Liefertreue besser ist als er selbst!

Aktionär: »Einen Anteil an diesem Unternehmen zu halten, erfüllt mich mit Stolz. Was bei RimCo vor sich geht, hat auch für mich persönliche Bedeutung. Natürlich erfreut mich die vor allem im letzten Jahr gesunde finanzielle Entwicklung des Unternehmens, doch darüber hinaus empfinde ich auch eine Art Besitzerstolz auf RimCo – fast so, als ob es *mein* Unternehmen wäre.«

Jack unterhielt sich auch mit Mitarbeitern und ihren Angehörigen und bekam zahlreiche Geschichten darüber zu hören, wie der MBV-Prozeß Veränderungen im Privatleben von RimCo-Mitarbeitern nach sich zog. Ein Anteilseigner, der gleichzeitig Bürgermeister der Stadt war, äußerte sich begeistert über das Engagement des Unternehmens für soziale und humanitäre Anliegen.

Als eine der entschiedensten Fürsprecherinnen des MBV-Prozesses erwies sich einmal mehr Toms Frau Leslie. »Jeder in unserer Familie spürt den Unterschied«, erklärte sie. »Tom genießt sein Leben heute sehr viel mehr als vor Beginn der MBV-Reise – und das gilt auch für uns.«

10

Auf dem Weg vorankommen

In der darauffolgenden Woche saß Tom tief in Gedanken versunken in seinem Büro. In wenigen Minuten würde Kara Martin kommen, die junge Präsidentin einer rasch aufstrebenden Kosmetikfirma. Jack Cunningham hatte ihn angerufen und gefragt, ob er sich nicht mit der jungen Frau treffen könnte. Kara Martin wollte mit ihrem Unternehmen die *Fortunate-500*-Reise antreten.

Vor seinem geistigen Auge ließ Tom das Festessen anläßlich des dritten MBV-Jahrestages noch einmal Revue passieren. Außer einer Vielzahl von MBV-Erfolgsgeschichten waren eine Reihe von Auszeichnungen an Einzelpersonen und Teams vergeben worden, die eine Schlüsselrolle für den Fortschritt des Unternehmens auf seiner MBV-Reise gespielt hatten. Tom rief sie sich alle nochmals ins Gedächtnis zurück.

Nachdem die letzte Auszeichnung vergeben worden war, stand Beverly Jameson mit dem Mikrofon in der Hand auf und wandte sich direkt an ihn. »Tom, ich weiß, daß ich für das gesamte Managementteam spreche, wenn ich gestehe, daß die meisten von uns sehr skeptisch reagierten, als Sie den Vorschlag auf den Tisch brachten, das Management-durch-Werte-Konzept bei RimCo einzuführen. Daß Veränderungen nötig, dringend nötig waren, wußte jeder von uns. Doch um ganz ehrlich zu sein, viele von uns sahen in Ihrem damaligen

Führungsstil eines der größten Probleme für das Unternehmen, und wir waren alles andere als überzeugt, ob Sie die Fähigkeit besitzen würden, das Unternehmen auf diesen neuen Ansatz einzuschwören.«

Bev ließ ihre Worte kurz wirken, bevor sie fortfuhr. »Doch Ihr unerschütterlicher Enthusiasmus, Ihr kompromißloses Engagement für den MBV-Prozeß und Ihre Bereitschaft zu lernen, sich zu entwickeln und sich selbst zu verändern, überzeugten mich und den Rest des Managementteams, uns gemeinsam mit Ihnen auf diese Reise zu begeben.«

Tom warf einen Blick auf die hinter ihm sitzende Leslie. Sie strahlte ihn an, ihre Augen voller Stolz.

»Seitdem konnten wir, wie wir heute abend gehört haben, eine Vielzahl von überwältigenden Erfolgsgeschichten feiern. Aber die vielleicht größte und wichtigste Erfolgsgeschichte von allen war der Wandel, den wir in diesen vergangenen zwei Jahren an Ihnen miterleben durften.« Bev wirkte gerührt, machte eine kurze Pause und sprach dann weiter. »Tom Yeomans, Sie sind auf dem besten Wege, zu einer leider allzu seltenen Spezies von Mensch zu werden, zu einem Leiter, der zuhört und mitfühlt. Was Sie bereits *sind*, ist ein besserer Manager, ein ehrlicherer Kollege und ein wirklicher Partner – für jeden einzelnen von uns.« Sie hielt eine große Bronzetafel in die Höhe. »Es ist mir Freude und Ehre zugleich, zum Abschluß des Abends eine weitere RimCo-Auszeichnung für Management-durch-Werte-Heldenmut an unseren Präsidenten und CEO Tom Yeomans zu verleihen.«

Tom konnte sich nicht mehr daran erinnern, was er gesagt hatte, als er die Auszeichnung aus Bevs Hand entgegennahm, aber als er jetzt die Tafel, die an der Wand seines Büros hing, betrachtete, spürte er ein Gefühl der

Management durch Werte:
Schlüsselprinzipien

Phase 1: Klarheit schaffen

»Das Problem an einem Rattenrennen ist, daß man, selbst wenn man das Rennen gewinnt, trotzdem eine Ratte bleibt.«

»Das wichtigste im Leben ist zu entscheiden, was das Wichtigste ist.«

»In einem Unternehmen, in dem wirklich Management-durch-Werte praktiziert wird, gibt es nur einen Boß – die Werte, auf die sich alle geeinigt haben.«

»Management durch Werte ist kein x-beliebiges Managementprogramm, sondern eine Lebenseinstellung.«

Phase 2: Effektiv kommunizieren

»Wirklicher Erfolg heißt nicht, unsere Werte lediglich öffentlich zu verkünden, sondern sie tagtäglich zu leben.«

»Kommunikation ereignet sich natürlich, wenn man für ein sicheres Umfeld sorgt.«

»Wirklicher Wandel setzt eine Reaktion im Innern der Menschen voraus, eine Änderung in der Art, wie sie die Dinge wahrnehmen und wie sie auf bestimmte Situationen reagieren.«

»Um Management-durch-Werte in die Tat umzusetzen, müssen wir das tun, woran wir glauben, und daran glauben, was wir tun.«

Phase 3: An den Werten ausrichten

»Uns an den Werten ausrichten setzt voraus, unsere Gewohnheiten, Verhaltensmuster und Einstellungen zu verändern.«

»Engagement für eine Sache ist leicht zu erkennen, wenn es vorhanden ist – und noch leichter, wenn nicht.«

»Es sind nicht Organisationen, die den Management-durch-Werte-Prozeß Realität werden lassen, sondern Menschen.«

»Gewöhnliche Menschen, die sich an gemeinsamen Werten ausrichten und einer gemeinsamen Mission folgen, können außergewöhnliche Dinge erreichen.«

Dankbarkeit und des Glücks. Seine Gedanken wanderten zurück zu der Management-durch-Werte-Reise, die ihn und seine RimCo-Kollegen die letzten drei Jahre über in Atem gehalten hatte. Während er an die Ereignisse dieser Zeit zurückdachte, fiel sein Blick auf die Zitatensammlung, die er vor ein paar Tagen als eine Art Resümee von RimCos MBV-Reise zusammengestellt hatte.

Tom Yeomans und mit ihm alle RimCo-Mitarbeiter entdeckten Management-durch-Werte gerade noch zur rechten Zeit. Tom war, das zeigte sich, einer der wenigen wirklich vom Glück begünstigten Menschen, die in Zeiten des Umbruchs ihr eigenes Leben neu erschaffen – und dabei vielen anderen helfen, es ihnen gleichzutun.

Mit hocherhobenem Finger drohte Tom der Tafel und sagte: »Was du bisher von uns gesehen hast, war noch *gar nichts*.«

Danksagung

Dieses Buch ist unseren Familien, Freunden, Kollegen, »Trainern« und all den Menschen gewidmet, die dem MBV-Konzept so großen Glauben entgegenbrachten, daß sie es innerhalb ihrer Unternehmen eingeführt – und dadurch zu seiner Weiterentwicklung beigetragen – haben.

Einigen von ihnen wollen wir für ihre Unterstützung und ihren Beitrag besonders danken.

- *Jim Ballard*, der unserem Manuskript und der MBV-Geschichte mit seinem kreativen schriftstellerischen Talent Leben eingehaucht hat. Er ist der Beste.
- *Sid Cohen, Paul Baszucki, Richard Cohen, Marcia Ballinger, Karen Clary* und all die großartigen Menschen bei Norstan, die mit ihnen zusammenarbeiten, für ihren Pioniergeist und ihre visionäre Kraft, die *Fortunate-500*-Reise bis zum Ende durchziehen. Auf vielfältigste Weise erzielen sie für alle ihre Interessengruppen jeden Tag aufs neue bessere Ergebnisse und tragen dazu bei, das Leben ihrer Mitmenschen zu bereichern.
- *Erv Kamm*, der ehemalige Norstan-CEO, der heute in derselben Position bei Digi International tätig ist, für seinen bewunderungswürdigen Führungsstil, seinen vorbildlichen Charakter und seine unerschütterliche Treue gegenüber den Prinzipien eines durch MBV-Instrumente und -Prozesse in die Tat umgesetzten »ethischen Managements«.

- Allen Mitarbeitern der Holt Companies für ihren tiefen Glauben an die Werte ihres Unternehmens und ihrer Entschlossenheit, sie zu leben – in guten wie in schwierigen Zeiten. Besondere Erwähnung verdienen *B. D. Holt, Peter Holt, Pete Refakis, Allyn Archer, Dave Morgan, Larry Mills* und *Ann Cass.*

- Unseren vielen späteren Kundenunternehmen und ihren »Wertehelden« auf allen Ebenen und in allen Bereichen für ihr kontinuierliches Engagement, ihre Werte herauszufinden und festzulegen, sie effektiv zu kommunizieren und sich daran auszurichten.

- Den Board-Mitgliedern der Fortunate Companies Foundation für die Zeit, Kraft und Klugheit, die sie Tag für Tag der Aufgabe widmen, die *Fortunate-500-*Unternehmensphilosophie durch den Management-durch-Werte-Prozeß voranzutreiben.

- Unseren BTD-Partnern in den ersten *Fortunate-500-*Projektunternehmen für ihre wertvolle Mitarbeit und Unterstützung – besonders *Greg Kaiser, Drea Zigarmi, Fred Finch, Donc Carew, Reggie Tyler, Bill Eastman, Ray Snyder, Laurie Hawkins, Eunice Parisi-Carew* und *Dale Truax.*

- Unseren anderen Kollegen, die sich in der MBV Consultancy Group um unsere Kunden kümmern, darunter *Bob Patterson, Clare Paulson* und *Marv Crowson.*

- *Harry Paul* und *Michele Jansen* für ihre Fähigkeiten, ihren unterschütterlichen Glauben und ihren – trotz all der anderen Bälle, die sie gleichzeitig noch jonglieren mußten – beispielhaften Einsatz, die mit dazu beitrugen, die im Eigenverlag erschienene Ausgabe dieses Buches Realität werden zu lassen.

- *Mary Falvey Fuller* für ihre Pionierarbeiten und ihre *Fortunate-500-*Consultingdienste.

- *Wendy Seitzinger* und *Gail Strader* von der Fortunate Companies Foundation, *Amy Gourley* und *Debby Talucci* von Modern Clerical Management in Skaneatless, New York, sowie *Eleanor Terndrup* von Blanchard Training and Development, Inc., für ihre unerläßlichen und professionellen Sekretariatsdienste bei der Vorbereitung dieses Manuskriptes.
- *Bob Nelson* von Blanchard Training and Development, Inc., für seine redaktionellen Vorschläge und sein hilfreiches Feedback.
- *Steven Piersanti*, Präsident der Berrett-Koehler Publishers, Inc., für seine eigenen und die von anderen eingeholten, hilfreichen redaktionellen Kommentare.
- Und, vor allen anderen, *Margie Blanchard* und *Mary Ann O'Connor* für ihre immerwährende Liebe, Ermutigung und Unterstützung für uns und unser Lebenswerk.

MBV-Dienstleister

Der *Managing-By-Values*-Prozeß ist ein Joint-venture des Center for Managing By Values und der Blanchard Training and Development, Inc.

Center for Managing By Values

Dr. Michael O'Connor ist Direktor des Center for Managing By Values. Das Service-Paket des Centers ist zugeschnitten auf Unternehmer, die die *Fortunate-500*-Managementprinzipien und -methoden erlernen und in ihrem privaten wie geschäftlichen Leben umsetzen möchten.
Zu diesen Dienstleistungen gehören:

1. Werteorientierte Organisationsentwicklungsprojekte
2. Consultingunterstützung durch die *Fortunate 500* Foundation.
3. »Champions«-Entwicklungsprogramme
4. Spezielle werteorientierte Veranstaltungen
5. Werteorientierte Lehrmaterialien

Weitere Informationen über den Managing-By-Values-Prozeß oder Dr. O'Connors Programme und Dienstleistungen erhalten Sie unter folgender Adresse:

Center for Managing By Values
Bonita Bay Executive Center
3461 Bonita Bay Boulevard, Suite 111
Bonita Springs, Florida 34134
Telefon: +01 (941) 947-1111
Telefax: +01 (941) 947-3311

Blanchard Training and Development, Inc.

Blanchard Training and Development, Inc. (BTD), ist ein Fullserviceanbieter von Trainings- und Beratungsdienstleistungen mit Sitz im kalifornischen Escondido. Das Unternehmen wurde 1979 gemeinsam von Kenneth Blanchard und seiner Frau Marjorie gegründet. BTD ist im »Solutions-Business« tätig. Das BTD-Motto lautet: »Wir helfen Ihnen, Ihren Betriebsablauf zu verbessern und Ihr Unternehmen der Zukunft zu erschaffen – und garantieren dadurch Ihr Überleben und Ihr anhaltendes Wachstum.«

Weitere Informationen über den Managing-By-Values-Prozeß oder Dr. Blanchards Aktivitäten und Programme erhalten Sie unter folgender Adresse:

Blanchard Training and Development, Inc.
125 State Place
Escondido, California 92029
Telefon: +01 (619) 489-5005 oder +01 (800) 728-6000-5261
Telefax: +01 (619) 489-8407

Über die Autoren

Dr. Kenneth Blanchard ist ein international erfolgreicher Bestsellerautor, Redner und Unternehmensberater. Der von ihm zusammen mit Spencer Johnson verfaßte Klassiker *Der Minuten-Manager* steht auch fünfzehn Jahre nach seinem Erscheinen immer noch in den Bestsellerlisten der *New York Times* und der *Business Week* – neben den zwischenzeitlich von ihm mitverfaßten Büchern *Mission Possible, Raving Fans, Everyone's a Coach* und *Empowerment Takes More Than a Minute.* Der *Managing-By-Values*-Prozeß verkörpert die Essenz von Blanchards Leadership- und Managementphilosophie. Als Redner erhielt Blanchard die allerhöchsten Auszeichnungen: den begehrten *Golden Gavel Award* von Toastmasters International und den von der National Speakers Association verliehenen *Council of Peers Award of Excellence* (Cape). Seine Unternehmen, Blanchard Training and Development, Inc., ein Fullserviceanbieter von Trainings- und Beratungsdienstleistungen, die er gemeinsam mit seiner Frau Marjorie gründete, und Blanchard Solutions haben vielen der führenden *Fortune-500*-Unternehmen und zahlreichen rasch expandierenden jungen Unternehmen geholfen, die von ihm entwickelten Managementphilosophien erfolgreich in die Praxis umzusetzen. Die Blanchards leben in San Diego, Kalifornien.

Dr. Michael O'Connor ist Gründer des *Center for Managing by Values* und geistiger Vater des *Managing-By-Values*-Konzepts, das Ergebnis von über fünfundzwanzigjährigen Forschungsanstrengungen. Michael O'Connor ist ein ausgewiesener und gefragter Experte für das Verhalten von Individuen, Gruppen und Organisationen. Seine Rolle läßt sich am besten beschreiben als *Executive Coach*, als »Berater der Berater« oder »Trainer der Trainer«. O'Connor ist Mitverfasser zahlreicher Bücher, darunter *Die Platin-Regel, People Smart* und *Mysteries of Motivation.* O'Connor verfügt über eine dreißigjährige Erfahrung in der Organisation von Konferenzen und Seminaren, der Entwicklung von Programmen und Fortbildungsmaterialien sowie der weltweiten Beratung in den Feldern Leadership, Konfliktlösung, Verhaltensmanagement, Werteentwicklung und Change-Management. Neben seinen Aufgaben als Direktor des *Center for Managing by Values* ist er ebenfalls Gründer und Chairman des Boards der *Life Group of Companies*, einem Zusammenschluß von Familienunternehmen. Michael O'Connor lebt gemeinsam mit seiner Frau Mary Ann in Naples, Florida.